C.S. LEWIS

COMO ORAR

Título original: *How to Pray*

God in the Dock. Copyright © 1970 by C. S. Lewis Pte Ltd. First published in the United States by William B. Eerdmans Publishing Company in 1970.

Letters to an American Lady Copyright © 1967 by C. S. Lewis Pte Ltd. First published in the United States by William B. Eerdmans.

How to Pray. Copyright © 2018 by C. S. Lewis Pte Ltd. Edição original por HarperCollins *Publishers*. Todos os direitos reservados.

Copyright de tradução © Vida Melhor Editora LTDA., 2020.

Os pontos de vista desta obra são de responsabilidade de seus autores e colaboradores diretos, não refletindo necessariamente a posição da Thomas Nelson Brasil, da HarperCollins Christian Publishing ou de sua equipe editorial.

Publisher	*Samuel Coto*
Editores	*André Lodos Tangerino,*
	Bruna Gomes
Tradutores	*Elissamai Bauleo, Francisco Nunes,*
	Giuliana Niedhardt, Estevan Kirschner,
	Gabriele Greggersen
Preparação e revisão	*Francine de Souza*
Diagramação	*Sonia Peticov*
Capa	*Rafael Brum*

Dados Internacionais de Catalogação na Publicação (CIP)

L76c
    Lewis, C. S.
    Como orar / C.S. Lewis; tradução de Elissamai Bauleo. — 1.ed. — Rio de Janeiro: Thomas Nelson Brasil, 2020.
    176 p.; 12 x 18 cm.

    Tradução de: *How to Pray*
    ISBN 978-85-71671-33-1

1. Cristianismo. 2. Oração. 3. Fé. 4. Religiosidade. I. Título

CDD: 230

Índice para catálogo sistemático:
1. Cristianismo: oração
2. Fé: religiosidade

Bibliotecária responsável: Aline Graziele Benitez CRB-1/3129

Thomas Nelson Brasil é uma marca licenciada à Vida Melhor Editora LTDA.
Todos os direitos reservados à Vida Melhor Editora LTDA.
Rua da Quitanda, 86, sala 601A — Centro
Rio de Janeiro — RJ — CEP 20091-005
Tel.: (21) 3175-1030
www.thomasnelson.com.br

Mestre, eles dizem que quando falo contigo,
Porque não respondes, falo sozinho.
— "Um locutor, dois amigos;
Sonhador que sussurra consigo".
Não falam de todo bobagem
Aqueles que tal imaginam.
Pois busco, de um poço aterrado,
Palavras que em nada culminam.
Ao veres, então, meu vazio,
De ouvinte te pões a falar.
E lábios outrora cerrados
Começam, de fato, a orar.
Pois falas por mim e eu fluo
De ideias que em mim não disponho.
"É Um Só que fala", concluo:
Não sou sonhador, sou teu sonho.

"Prayer" [Oração] — *Poems* [Poemas]

sumário

Prefácio   7

Podemos provar que a oração funciona?   11

Por que fazer pedidos a Deus se ele já sabe do que precisamos?   25

Nossa oração depende de quão sincera e profundamente oramos?   33

Não agimos com presunção ao levar preocupações a Deus em oração?   43

Como a oração corrobora com a ideia da providência divina? Pedimos por milagres ao orar?   51

A oração exige uma introspecção mórbida do nosso pecado?   67

Quais são as dicas para que eu evite Deus e a oração?   73

    Parte 1: Assegure-se de que sua oração seja devidamente "espiritual"   75

    Parte 2: Acredite que você não é um bom cristão   83

Parte 3: Trate a oração como um teste a Deus   89

Parte 4: Concentre-se no seu próprio estado mental   95

Como fazemos da oração uma prática regular?   99

Como podemos deixar de ser um obstáculo para si mesmo e orar?   105

Como saber se o meu "eu" autêntico se dirige ao verdadeiro "Tu" em oração?   115

Como podemos ser como Davi e orar com prazer?   121

Como podemos entender o ensino do Novo Testamento sobre oração?   135

Como orar enquanto estamos de luto?   143

Podemos orar para evitar o sofrimento, mesmo quando ele é bom para a nossa alma?   151

Como permanecemos confiantes quando Deus repetidamente diz "não" ao nosso pedido por auxílio?   161

Referências bibliográficas   169

prefácio

C. S. LEWIS é amplamente reconhecido como um dos maiores defensores e expositores da fé cristã, especialmente por meio de obras clássicas como: *Cristianismo puro e simples*, *Cartas de um diabo a seu aprendiz*, *Miracles* [Milagres], *The problem of pain* [O problema do sofrimento] etc. A ironia está no fato de que, quando em particular, Lewis normalmente expressava como seus momentos de maior fraqueza ocorriam logo após a defesa bem-sucedida de uma ideia ou doutrina cristã. O que o sustentava, porém, era seu compromisso de viver de acordo com o que via como práticas cristãs comuns: participar do culto, praticar o amor e a hospitalidade, examinar motivos e ações para diminuir suas fraquezas, confessar pecados e fortalecer quem precisasse de encorajamento. E, além dessas coisas, Lewis orava.

Não é de surpreender que um mestre da fé cristã orasse regularmente, e é fácil ignorar menções frequentes à oração nas muitas cartas de Lewis no decorrer dos anos. "Farei menção de você nas minhas orações" soa um clichê, embora frases como essas apareçam constantemente em sua correspondência. Tomadas como um todo, referências assim revelam algo importante: que Lewis levava a sério sua prática de oração. Se prestarmos atenção, não demorará para percebermos que Lewis tinha o hábito de comprometer-se a orar pelas pessoas; mantinha uma lista desses pedidos, consultando-a e atualizando-a com o tempo; elaborava a própria lista de pedidos; fazia com frequência orações tradicionais, extraídas do livro de oração, e muitas outras, além da prática da petição; e regularmente ele aconselhava sobre assuntos relacionados à oração. Em obras publicadas, é comum nos depararmos com o assunto da oração. Em outras palavras, Lewis gastava muito tempo praticando, refletindo e escrevendo acerca da oração.

Também está claro que Lewis via tudo isso como algo totalmente comum. Em uma breve carta, datada de agosto de 1949, Lewis diz a um amigo: "Não acho que eu poderia escrever um livro sobre oração: penso que isso seria um tanto 'insolente' de minha parte". Obviamente, Lewis mudou de ideia e começou a escrever um livro sobre o assunto, embora ele tenha sido apenas publicado postumamente como *Cartas a Malcolm*. Mesmo nessa obra, porém, a ênfase está mais na explicação de como pensar sobre oração do que na tentativa de fornecer um manual sobre oração (embora algo do tipo apareça no texto de vez em quando).

Ao publicar este novo volume, intitulado *Como orar*, procuramos estabelecer o argumento de que o que Lewis via como comum ainda é de extrema importância. Lendo os textos incluídos neste livro, torna-se claro para nós que o ensino profundo e vital de Lewis, mesmo depois de muitas décadas, pode ser em parte explicado por seu compromisso de longo prazo com a prática da oração. Lewis nunca reduziu a fé a meros problemas filosóficos ou intelectuais. Antes, sua obra apologética constitui apenas uma única dimensão do que ele experimentava como realidade muito maior, fundamentada no relacionamento com o Deus vivo. Mesmo questões relacionadas à oração são apresentadas no contexto mais amplo desse fundamento relacional.

Em *Como orar*, procuramos juntar a sabedoria de Lewis sobre o tema da oração, borrifado aqui e ali nos livros, ensaios, cartas e poemas que ele escreveu; todas as citações sobre o tópico aparecem neste volume. E porque Lewis escreveu como alguém cuja prática de oração durou a vida inteira, o que ele diz é geralmente sábio, notável e profundo — fato não surpreendente para qualquer um que já tenha procurado Lewis como guia cristão. Para fins de consistência e coesão, renomeamos as passagens em forma de perguntas relacionadas à oração, de acordo com a resposta fornecida por cada texto. Títulos e fontes originais de cada trecho estão listados na página de abertura de cada capítulo e no final do livro. Em cada capítulo, você também encontrará em caixas de texto trechos mais curtos relacionados ao tópico.

Temos uma dívida de gratidão pelo trabalho intenso de Zachary Kincaid, que pesquisou e selecionou os textos deste livro. Nossa expectativa na apresentação deste volume é que pessoas não apenas celebrem Lewis pelo que ele falou sobre o cristianismo, mas também pelo modo como ele viveu enquanto cristão. Espero que, ao final deste livro, você seja capaz de concordar comigo.

MICHAEL G. MAUDLIN
Vice-presidente sênior e editor executivo HarperOne

PODEMOS PROVAR QUE A ORAÇÃO FUNCIONA?

A última noite do mundo

(do capítulo intitulado "A eficácia da oração")

Há alguns anos, levantei certa manhã com a intenção de cortar o cabelo para me preparar para uma visita a Londres, e a primeira carta que abri deixou claro que eu não precisava ir a Londres. Então, decidi deixar de lado o corte de cabelo. Mas, então, começou o mais inexplicável incomodozinho em minha mente, quase como uma voz dizendo: "Corte o cabelo mesmo assim. Vá e corte." Por fim, não aguentei mais. Eu fui. Meu barbeiro àquela época era um moço cristão, um homem com muitos problemas a quem meu irmão e eu às vezes ajudávamos. No momento em que abri a porta do salão, ele disse: "Oh, eu estava orando para que você viesse hoje." E, de fato, se eu tivesse ido um ou dois dias mais tarde, eu não teria sido útil para ele.

Isso me impressionou; ainda me impressiona. Mas é claro que não se pode provar rigorosamente uma conexão causal entre as orações do barbeiro e minha visita. Pode ser telepatia. Pode ser coincidência.

Eu estive ao lado da cama de uma mulher cujo fêmur foi comido pelo câncer e que tinha focos da doença proliferando em muitos outros ossos. Eram necessárias três pessoas para movê-la na cama. Os médicos deram-lhe alguns meses de vida; as enfermeiras (que muitas vezes sabem melhor) falavam em algumas semanas. Um bom homem impôs as mãos sobre ela e orou. Um ano depois, a paciente estava andando (morro acima, também, através de bosques acidentados), e o homem que tirou as últimas radiografias dizia: "Esses ossos estão sólidos como rocha. É milagroso!"

Porém, uma vez mais, não há provas rigorosas. A medicina, como todos os verdadeiros médicos admitem, não é uma ciência exata. Não precisamos invocar o sobrenatural para explicar a falsificação de suas profecias. Você não precisa, a menos que escolha, acreditar em uma conexão causal entre as orações e a recuperação.

Surge, então, a questão: "Que tipo de evidência *provaria* a eficácia da oração?" Aquilo pelo que oramos pode acontecer, mas como você pode saber que não aconteceria de um jeito ou de outro? Mesmo que a coisa seja indiscutivelmente milagrosa, não daria para concluir que o milagre ocorreu por causa de suas orações. A resposta certamente é que uma prova empírica irrefutável, como a que temos nas ciências, nunca poderá ser alcançada.

Algumas coisas são comprovadas pela uniformidade ininterrupta de nossas experiências. A lei da gravitação é estabelecida pelo fato de que, em nossa experiência, todos os corpos, sem exceção, obedecem a ela.

Outras coisas são provadas não apenas pela experiência, mas por aquelas experiências artificialmente planejadas que chamamos de experimentos. Isso poderia ser feito com respeito à oração? Eu vou passar por cima da objeção de que nenhum cristão poderia participar desse projeto, por ter ele sido proibido: "Você não deve realizar experimentos com relação a Deus, seu Mestre." Proibida ou não, a coisa é mesmo possível?

Eu já vi a seguinte proposta: uma equipe de pessoas — quanto mais, melhor — deveria concordar em orar com toda a força, durante um período de seis semanas, por todos os pacientes do Hospital A e não orar por qualquer dos pacientes do Hospital B. Então, você poderia somar os resultados e ver se A teve mais curas e menos mortes. E suponho que você repetiria o experimento em vários momentos e lugares, de modo a eliminar a influência de fatores irrelevantes.

O problema é que eu não vejo como qualquer oração real poderia continuar sob tais condições. "Palavras sem pensamentos nunca chegam ao céu", diz o rei em *Hamlet*. Simplesmente dizer orações não é orar; se assim fosse, um time de papagaios corretamente treinados serviria tão bem quanto os homens para nosso experimento. Você não pode orar pela recuperação de enfermos a menos que o fim que tenha em vista seja a recuperação deles. Mas pode não ter motivos para desejar a recuperação de todos os pacientes em um hospital e de nenhum em outro. Você não está fazendo isso para que o sofrimento seja aliviado; está fazendo isso para descobrir o que acontece. O propósito real e o propósito nominal de suas orações estão em desacordo. Em outras palavras, apesar do que sua língua, seus dentes e seus joelhos estejam fazendo, você não está orando. O experimento exige uma impossibilidade.

Prova empírica e refutação são, portanto, inatingíveis. Mas essa conclusão parecerá menos deprimente se nos lembrarmos de que a oração é um pedido e a compararmos com outros espécimes da mesma coisa.

Fazemos pedidos a nossos semelhantes tanto quanto a Deus: pedimos o sal, pedimos um aumento salarial, pedimos a um amigo para alimentar o gato enquanto estamos fora curtindo férias, pedimos uma mulher em casamento. Às vezes conseguimos o que pedimos, e às vezes, não. Mas, quando somos atendidos, não é tão fácil, como se poderia supor, provar, com certeza científica, uma conexão causal entre o pedir e o receber.

Seu vizinho pode ser uma pessoa bondosa que não deixaria seu gato morrer de fome mesmo que você tivesse se esquecido de combinar alguma coisa com ele. Seu empregador só está tão disposto a atender o seu pedido de aumento pois está ciente de que você poderia ganhar mais de uma empresa concorrente; portanto, é bem provável que já pretendia segurá-lo através de um aumento. Quanto à jovem que consente se casar com você — tem certeza de que ela já não havia decidido fazê-lo? Seu pedido, veja bem, pode ter sido o resultado, não a causa, da decisão dela. Certa conversa importante poderia nunca ter ocorrido, a menos que ela tivesse a intenção de tê-la.

Assim, em certa medida, a mesma dúvida que paira sobre a eficácia de nossas orações a Deus também paira sobre nossas orações aos homens. O que quer que obtenhamos, poderíamos ter obtido de qualquer maneira. Mas apenas, como eu digo, até certo ponto. Nosso vizinho, o chefe e a esposa podem nos dizer que agiram porque pedimos; e podemos conhecê-los tão bem a ponto de estarmos certos, primeiro, de que eles estão dizendo o que acreditam ser verdade e, em segundo lugar, que eles entendem os próprios motivos bem o suficiente para estarem certos. Mas observe que, quando isso acontece, nossa certeza não foi obtida pelos métodos da ciência. Não tentamos o experimento de controle de recusar o aumento ou interromper o noivado e, em seguida, fazer nosso pedido novamente diante de novas condições.

Um cristão comum se ajoelha para fazer as suas preces e, com isso, estará tentando entrar em contato com Deus. Mas, sendo ele um cristão, saberá que é Deus quem está capacitando-o a orar: o Deus, por assim dizer, que está dentro dele. Mas ele sabe também que todo o seu conhecimento real de Deus vem por meio de Cristo, o homem que era Deus — que tem Cristo ao seu lado, ajudando-o a orar, orando por ele. Você consegue ver o que está acontecendo? Deus é o ser para o qual ele está orando — o objetivo que ele está tentando alcançar. Deus também é o algo dentro dele que o está fazendo seguir em frente — o poder motivador. Deus também é a estrada ou ponte que ele terá de percorrer para alcançar o objetivo. Assim, toda a vida tríplice do ser tripessoal está realmente se dando nesse pequeno quarto comum onde uma pessoa comum está fazendo suas orações. O homem está sendo arrebatado para um tipo superior de vida — que eu chamei de Zoé, ou vida espiritual; ele está sendo arrastado para dentro de Deus, por Deus, ao mesmo tempo que permanece ele mesmo.

"O Deus triúno"— *Cristianismo puro e simples*

Nossa certeza é bem diferente daquela que vem do conhecimento científico. Nasce de nossa relação com as outras partes; não de conhecer coisas sobre elas, mas de *conhecê-las*.

Nossa certeza — se alcançarmos uma certeza — de que Deus sempre ouve nossas orações, e às vezes as atende, e que as aparentes concessões não são meramente fortuitas, só pode vir do mesmo modo. Não é uma questão de tabular sucessos e fracassos e tentar decidir se os sucessos são numerosos demais para serem contabilizados como acaso. Aqueles que mais bem conhecem um homem sabem se, quando ele fez o que lhe pediram, ele o fez porque lhe pediram. Acho que os que melhor conhecem Deus saberão melhor se ele me mandou para a barbearia porque o barbeiro orou.

Até agora temos lidado com toda a questão da maneira errada e no nível errado. A própria questão "A oração funciona?" cria um modo de pensar errado desde o início. "Funciona": como se fosse mágica, ou uma máquina — algo que funciona automaticamente. A oração só pode ser uma de duas coisas: ou uma ilusão completa, ou um contato pessoal entre pessoas embrionárias e incompletas (nós mesmos) e a Pessoa totalmente concreta. (Oração no sentido de petição, de pedir coisas, é uma pequena parte disso; confissão e penitência são seu princípio; a adoração, seu santuário; a presença e a visão e o deleite de Deus, seu pão e vinho). Nela Deus se mostra a nós. Que ele responde às orações é um corolário — não necessariamente o mais importante — dessa revelação. O que ele faz é aprendido daquilo que ele é.

No entanto, a oração peticionária nos é permitida e ordenada: "Dá-nos hoje o nosso pão de cada dia". E, sem dúvida, isso levanta um problema teórico. Podemos crer que Deus realmente modifica sua ação em resposta às sugestões dos homens? Pois a sabedoria infinita não precisa dizer o que é melhor, e a bondade infinita não precisa de insistência para fazê-lo. Mas Deus também não precisa de nenhuma dessas coisas que são feitas por agentes finitos, sejam vivos ou inanimados. Ele poderia, se escolhesse, reparar nosso corpo milagrosamente sem comida; ou nos dar comida sem a ajuda de agricultores, padeiros e açougueiros; ou conhecimento sem a ajuda de homens instruídos; ou converter os pagãos sem o trabalho de missionários. Em vez disso, ele permite a cooperação de solos e clima, de animais e músculos, de mente e vontade dos homens na execução de sua vontade. "Deus", disse Pascal, "instituiu a oração a fim de emprestar a suas criaturas a dignidade da causalidade". Mas não só a oração; sempre que agimos, ele nos empresta essa dignidade. Não é realmente mais estranho, nem menos estranho, que minhas orações devam afetar o curso dos acontecimentos do que minhas outras ações devam fazê-lo. Elas não aconselharam ou mudaram a mente de Deus — isto é, seu propósito total. Mas esse propósito será realizado de diferentes maneiras, de acordo com as ações, incluindo as orações de suas criaturas.

Pois ele parece não fazer nada de si mesmo que possa delegar a suas criaturas. Ele nos ordena fazer devagar e desajeitadamente o que poderia fazer perfeitamente e num piscar de olhos. Ele nos permite negligenciar o que ele quer que façamos, ou fracassar nisso. Talvez não compreendamos plenamente o problema, por assim dizer, de permitir que vontades livres coexistam com a Onipotência. Isso parece envolver a todo momento quase uma espécie de abdicação divina. Nós não somos meros receptores ou espectadores. Temos o privilégio de participar do jogo ou somos compelidos a colaborar no trabalho, "a empunhar nossos pequenos tridentes". Esse maravilhoso processo é simplesmente criação acontecendo diante de nossos olhos? É assim que (sem nenhuma matéria) Deus faz alguma coisa — de fato, faz deuses — do nada.

Para mim, pelo menos, parece ser isso. Mas o que ofereço pode ser, no melhor dos casos, apenas um modelo ou símbolo mental. Tudo o que dizemos sobre esses assuntos deve ser meramente analógico e parabólico. A realidade é, sem dúvida, não compreensível por nossas faculdades. Mas podemos, em alguma medida, tentar superar as analogias ruins e as parábolas ruins. A oração não é uma máquina. Não é mágica. Não é um conselho oferecido a Deus. Nosso ato, quando oramos, não deve, mais do que todos os nossos outros atos, ser separado do contínuo ato do próprio Deus, no qual somente todas as causas finitas operam.

Seria ainda pior pensar naqueles que recebem aquilo pelo que oram como uma espécie de favoritos da corte, pessoas que têm influência no trono. A oração de Cristo recusada no Getsêmani é resposta suficiente para isso. E não me atrevo a deixar de fora a dura palavra que ouvi, certa vez, de um cristão experiente: "Tenho visto muitas respostas impressionantes à oração, e mais de uma que eu considerei milagrosa. Mas elas geralmente vêm no começo: antes da conversão ou logo depois dela. Conforme a vida cristã prossegue, elas tendem a ser mais raras. As recusas, também, não são apenas mais frequentes; elas se tornam mais inconfundíveis, mais enfáticas."

Deus, então, abandona quem melhor o serve? Bem, aquele que o serviu melhor disse, perto de sua torturante morte: "Por que me abandonaste?" Quando Deus se tornou homem, esse homem, entre todos os outros, foi o menos consolado por Deus na hora de

— Quando oramos por coisas específicas, — disse eu — sempre me parece que estamos aconselhando Deus quanto à melhor forma de governar o mundo. Não seria mais sensato aceitar que ele sabe o que é melhor?

— Com base no mesmo princípio — disse ele —, suponho que você nunca peça à pessoa sentada ao seu lado que lhe passe o sal, uma vez que Deus é quem sabe se você deve usar o sal ou não. E suponho que você nunca leve um guarda-chuva consigo, pois Deus é quem sabe se você deve ficar seco ou molhado.

— Isso é muito diferente — protestei.

— Não vejo como poderia ser diferente — replicou ele. — É estranho que ele nos tenha permitido influenciar o curso dos acontecimentos. Mas, uma vez que nos permite fazer isso de uma forma, não vejo por que não nos deixaria fazê-lo de outra.

"Fragmentos" — *Deus no banco dos réus.*

sua maior necessidade. Há um mistério aqui que, mesmo que eu tivesse o poder, talvez não tivesse coragem de explorar. Enquanto isso, pessoas comuns como eu e você, se nossas orações às vezes são respondidas, acima de toda esperança e probabilidade, é melhor não tirarmos conclusões precipitadas para nossa própria vantagem. Se fôssemos mais fortes, poderíamos ser tratados com menos ternura. Se fôssemos mais corajosos, poderíamos ser enviados, com muito menos ajuda, para defender posições muito mais desesperadoras na grande batalha.

POR QUE FAZER PEDIDOS A DEUS SE ELE JÁ SABE DO QUE PRECISAMOS?

Deus no banco dos réus

(do capítulo intitulado "Trabalho e oração")

"Mesmo que eu cedesse à sua opinião e admitisse que respostas de oração são em teoria possíveis, eu ainda acharia que elas são infinitamente improváveis. Eu não considero nada plausível a ideia de que Deus precisa do conselho desinformado (e contraditório) de seres humanos como nós para governar o mundo. Se ele é absolutamente sábio como vocês afirmam, por acaso não sabe o que é melhor? E, se ele é totalmente bom, não o fará independentemente de orarmos?"

Esse é o argumento contra a oração que, nos últimos cem anos, intimidou milhares de pessoas. A explicação habitual é que ele só se aplica ao tipo mais inferior de oração, aquele em que se pede que coisas aconteçam. O tipo superior, dizem, não inclui conselhos a Deus e consiste apenas de "comunhão" ou comunicação com ele. Quem segue esta linha de raciocínio parece sugerir que o tipo inferior de oração é, na verdade, um absurdo, e que apenas crianças ou selvagens o praticam.

Nunca me contentei com este ponto de vista. A distinção entre os dois tipos de oração é legítima; e penso que, no geral (não estou bem certo), o tipo que não faz pedidos é, de fato, superior ou mais avançado. Estar em um estado de tamanha harmonia com a vontade de Deus, a ponto de não se desejar alterar o curso dos acontecimentos mesmo se possível fosse, é certamente uma condição muito elevada ou avançada.

No entanto, se o tipo inferior de oração for eliminado, surgem duas dificuldades. Em primeiro lugar, seria preciso afirmar que toda a tradição histórica da oração cristã (incluindo a própria oração do Pai nosso) estava errada; afinal, ela sempre admitiu orações pelo pão de cada dia, pela recuperação dos doentes, pela proteção contra os inimigos, pela conversão do mundo exterior e coisas do tipo. Em segundo lugar, embora o outro tipo de oração possa ser "superior" caso alguém se limite a ele por estar além do desejo de fazer qualquer outra forma de oração, nada há de especialmente "elevado" ou "espiritual" em se abster de orações que incluem pedidos simplesmente por não considerá-las boas. Pode ser uma coisa muito bonita (mas, repito, não estou absolutamente certo) o fato de uma criança nunca pedir bolo porque, por ser tão nobre e espiritual, não tem vontade alguma de comer bolo. Porém, nada há de especialmente belo no fato de uma criança não pedir bolo por ter aprendido que não adianta fazê-lo. Creio que este assunto como um todo precise de reconsideração.

O argumento contra a oração (quero dizer, o tipo "inferior" ou antiquado) é este: aquilo que pedimos ou é bom — para nós mesmos e para o mundo em geral —, ou não é. Se for, então um Deus bom e sábio o faria de qualquer maneira. Se não for, ele não o faria. Em nenhum dos casos, a oração faria diferença alguma. Mas, se esse argumento for sólido, sem dúvida é um argumento não apenas contra a oração, mas contra a atitude de fazer qualquer outra coisa.

Em cada ação, assim como em cada oração, estamos tentando atingir determinado resultado; e este resultado deve ser bom ou ruim. Por que, então, não usamos o mesmo argumento dos oponentes da oração e dizemos que, se o resultado pretendido for bom, Deus o concretizará sem a nossa interferência e que, se for ruim, ele o impedirá independentemente do que façamos? Por que lavar as mãos? Se Deus deseja que fiquem limpas, elas ficarão sem que as lavemos. Se não quiser, elas permanecerão sujas (como Lady Macbeth descobriu), não importa a quantidade de sabão utilizada. Por que pedir sal? Por que calçar as botas? Por que fazer qualquer coisa?

Sabemos que podemos agir e que nossas ações produzem resultados. Todo aquele que crê em Deus deve, portanto, admitir (em um sentido totalmente à parte da questão da oração) que Deus não decidiu escrever toda a história de próprio punho. A maioria

Não se incomode com a ideia de que Deus "sabe há milhões de anos exatamente o que você está prestes a orar". A história não é bem assim. Deus a escuta agora, da mesma forma simples como uma mãe escuta um filho. A diferença na atemporalidade de Deus está no fato de que esse agora (que escapa de você, já que, mesmo dizendo a palavra "agora", você não é capaz de reter o tempo) é, para ele, infinito. Ao pensar sobre a atemporalidade divina, não pense nele como tendo antecipado esse momento há milhões de anos: antes, pense que, para ele, você sempre está fazendo determinada oração. No entanto, tal ideia sequer é necessária. Você foi ao templo ("Melhor é um dia nos teus átrios do que mil noutro lugar") e o encontrou, como sempre, lá. É apenas com isso que você deve se preocupar.

Collected Letters [Cartas seletas], 1 de agosto de 1949. Carta à srta. Breckenridge dos acontecimentos no universo está, de fato, fora de nosso controle, mas não todos. É como uma peça de teatro cujo cenário e cujas linhas gerais da trama são definidos pelo autor, mas certos detalhes são deixados à improvisação dos atores. Talvez seja um mistério a razão de ele nos ter permitido provocar acontecimentos, mas é igualmente extraordinário o fato de ele nos ter permitido provocá-los por meio da oração, mais do que qualquer outro método.

Pascal diz que Deus "instituiu a oração para conferir às suas criaturas a dignidade da causalidade". Talvez fosse mais exato dizer que ele inventou tanto a oração quanto a ação física para esse propósito. Ele conferiu a nós, pequenas criaturas, a dignidade de poder contribuir para o curso dos acontecimentos de duas maneiras diferentes. Ele criou a matéria do universo de modo a podermos (dentro de seus limites) fazer coisas com ela; é por isso que podemos lavar as mãos e alimentar ou assassinar outras criaturas. Da mesma maneira, ele criou seu próprio plano ou enredo da história de modo a admitir certo grau de folga, podendo ser modificado em resposta às nossas orações. Se pedir vitória em uma guerra for uma atitude tola e insolente (com base no fato de que Deus conhece melhor a situação), seria igualmente absurdo e insolente vestir uma capa de chuva — afinal, Deus não sabe melhor do que nós se devemos ficar secos ou molhados?

Os dois métodos pelos quais podemos provocar acontecimentos são chamados de trabalho e oração. Ambos são semelhantes no sentido de que, por meio deles, nós tentamos produzir um estado de coisas que Deus não (ou, pelo menos, não ainda) achou por bem proporcionar "por iniciativa própria". E, a partir deste ponto de vista, o antigo ditado *laborare est orare* (trabalho é oração) adquire um novo significado. O que fazemos quando capinamos um campo não é muito diferente do que fazemos quando oramos por uma boa colheita. Todavia, existe uma diferença importante entre as duas atitudes.

Nós não podemos ter certeza de que a colheita será boa, independentemente do que fizermos com o campo. Porém, podemos ter certeza de que, se arrancarmos uma erva daninha, ela não estará mais ali. Podemos ter certeza de que, se bebermos mais do que determinada quantidade de álcool, arruinaremos nossa saúde e que, se continuarmos a desperdiçar os recursos do planeta com guerras e luxos por mais alguns séculos, encurtaremos a vida de toda a raça humana. O tipo de causalidade que exercemos por meio do trabalho é, por assim dizer, divinamente garantido e, portanto, implacável. Por meio dele, somos livres para fazer tanto mal a nós mesmos quanto quisermos. Contudo, o tipo de causalidade que exercemos mediante a oração não é assim; Deus deixou para si um poder arbitrário. Se ele não o tivesse feito, a oração seria uma atividade muito perigosa para o homem, e teríamos o terrível estado das coisas vislumbrado por Juvenal: "Enormes orações que o céu nos responde em ira".

As orações nem sempre são — no sentido bruto, factual da palavra — "atendidas". O motivo não é porque a oração é um tipo mais fraco de causalidade, mas porque é um tipo mais forte. Quando ela "funciona", ela funciona de modo ilimitado no espaço e no tempo. É por isso que Deus reteve um poder arbitrário para ora atendê-la, ora negá-la; sem esta condição, a oração nos destruiria. É cabível ao diretor dizer: "Vocês podem fazer tais e tais coisas segundo as regras fixas desta escola. Porém, outras tais e tais coisas são perigosas demais para serem regidas pelas regras gerais. Caso queiram praticá-las, é preciso fazer uma solicitação e discutir o assunto comigo em meu escritório. Só então, veremos o que será feito."

NOSSA ORAÇÃO DEPENDE DE QUÃO SINCERA E PROFUNDAMENTE ORAMOS?

Surprised by Joy
[Surpreendido pela alegria]

(do capítulo 4, "I broaden my mind"
[Horizontes ampliados])

Uma das razões pelas quais o inimigo achou isto tão fácil foi que, sem que o soubesse, eu *já* estava desesperadamente ansioso para me livrar de minha religião; e isso por um motivo digno de registro. Por puro equívoco — e ainda creio ter sido um equívoco honesto — nas técnicas espirituais, transformara minha prática religiosa particular em um fardo simplesmente intolerável. Foi assim que tudo aconteceu: como todo mundo, quando criança eu fora informado de que alguém deve não apenas orar, mas pensar naquilo que está dizendo. Deste modo, quando (ainda na escola do velhote) passei a levar minha fé a sério, tentei colocar o ensinamento em prática. A princípio, pareceu-me fácil; logo, porém, a falsa consciência (a "Lei" do apóstolo Paulo e a "tagarelice" de Herbert) entrou em jogo. Mal acabava de chegar ao "amém", a voz sussurrava: "Sim, mas você tem certeza de que estava realmente pensando no que disse?". Em seguida, a voz me falava, de modo mais súbito: "Você estava, por exemplo, pensando sobre a oração da mesma forma como na noite passada?". A resposta, por razões que até então não entendia, era quase sempre "não". "Muito bem", concluía a voz, "não seria melhor tentar outra vez?". E assim eu obedecia, mas sem qualquer segurança, claro, de que a segunda tentativa acabaria melhor do que a primeira.

A essas sugestões irritantes, minha reação era, em geral, a mais tola que eu poderia ter adotado. Criei para mim mesmo um padrão. Nenhuma frase da minha oração deveria ser expressa senão quando acompanhada pelo que eu chamava de "percepção", uma sensação que implicava certa vivacidade da imaginação e das emoções. Minha tarefa hercúlea era produzir, por pura autodeterminação, um fenômeno que essa autodeterminação jamais produziria — algo tão mal definido que eu jamais poderia dizer com absoluta certeza, se o fenômeno de fato havia ocorrido, nem se tinha, ainda que realmente ocorresse, qualquer valor espiritual. Se tão somente alguém tivesse lido para mim o alerta antigo de Walter Hilton, segundo o qual jamais devemos nos esforçar em oração por extorquir "por destreza" aquilo que Deus não dá! Mas ninguém o fez e, noite após noite, atordoado pelo desejo de dormir e muitas vezes em uma espécie de desespero, esforçava-me por produzir as tais "percepções".

A coisa ameaçava se transformar em um regresso infinito. Eu iniciava a oração, claro, pedindo por boas "percepções". Mas será que tal oração preliminar havia sido ela mesma "atendida"? Acho que eu tinha bom senso suficiente para dispensar essa pergunta; do contrário, seria tão difícil começar a oração quanto encerrá-la.

Como tudo me volta à lembrança! O cobertor frio, sinos tocando a cada quinze minutos, a noite passando, o cansaço nauseante, sem sentido. Tal era o fardo do qual ansiava escapar de corpo e alma. Já me conduzira a tal impasse que o tormento noturno projetava sua sombra sobre todo o fim da tarde e início da noite, e eu temia a hora de dormir, como se sofresse de insônia crônica. Caso eu trilhasse esse caminho por mais tempo, penso que teria enlouquecido.

Quanto à questão: "Há algum proveito em fazer pedidos a Deus?", a primeira pergunta deve ser: o que você quer dizer com "algum proveito"? É uma boa prática? Sim. A despeito de qualquer explicação, Jesus nos ensina a pedir por determinadas coisas, como o pão diário. Mas isso "funciona"? Sim, mas não como uma operação mecânica ou um encantamento mágico. Trata-se de um pedido que, obviamente, a outra parte pode ou não conceder, por razões que só ela sabe.

Evidentemente, o fardo absurdo dos falsos deveres na oração motivou inconscientemente o desejo de me livrar da fé cristã; mas por volta da mesma época, ou um pouco depois, causas conscientes de dúvida

Entretanto, como a oração pode mudar a vontade de Deus? Ora, quão estranho seria se Deus, em sua ação para comigo, fosse obrigado a ignorar o que eu fiz (incluindo minha oração). Certamente, ele não pode me perdoar por pecados que não cometi, nem me curar de erros em que nunca caí! Em outras palavras, a vontade dele (a despeito de quão imutável ela seja em algum sentido metafísico definitivo) deve estar relacionada ao que sou e ao que faço. Dito isso, por que meu pedido não pode estar incluído nas coisas que Deus leva em consideração? De qualquer maneira, se ele prometeu levar em conta a nossa oração, deve saber como encaixá-la em sua vontade imutável. (Costumamos falar como se Deus não fosse muito bom em Teologia!).

Eu certamente acredito (agora de modo fatual, embora antes acreditasse apenas com o intelecto) que um pecado, uma vez arrependido e perdoado, é desfeito, aniquilado, queimado no fogo do Amor Divino, embranquecido como a neve. Não há mal algum em continuar "lamentando", ou seja, em expressar tristeza; todavia, se já lamentamos ser esse tipo de pessoa, não há o porquê de pedir perdão novamente. Sua consciência não precisa ser "sobrecarregada" com a tristeza no sentido de você sentir que ainda tem uma dívida aberta. Ainda assim, porém, podemos nos satisfazer, em certo sentido, com o fato de sermos pacientemente humilhados pela recordação do nosso erro. [...]

Collected Letters [Cartas seletas], 8 de janeiro de 1952.
Carta à sra. Lockley

surgiram. Uma delas veio da leitura dos clássicos. Nesse contexto, especialmente em Virgílio, vi-me diante de um aglomerado de ideias religiosas; e todos os professores e editores partiam do pressuposto de que ideias religiosas eram pura ilusão.

Ninguém jamais procurou mostrar em que sentido o cristianismo cumpria o paganismo ou o paganismo prefigurava o cristianismo. A posição aceita parecia ser que religiões não passavam de uma miscelânia de absurdos, embora a nossa — por uma feliz exceção — fosse precisa e verdadeira. Outras religiões sequer eram explicadas como obra de demônios, conforme procuravam elucidar os primeiros cristãos. Talvez nisso eu podia ter sido levado a crer. Mas a impressão que tive foi que a religião em geral, embora completamente falsa, correspondia com um crescimento natural, uma espécie de insensatez endêmica na qual a humanidade tendia a tropeçar. Em meio a um milhar de tais religiões, lá estava a nossa, a milésima primeira, rotulada como "a verdadeira". Entretanto, com que base eu deveria acreditar nessa exceção? Obviamente, ela pertencia, em algum sentido geral, à mesma categoria que as demais. Por que nossa religião era tratada de maneira tão diferente? Será, afinal, que eu deveria continuar tratando-a de modo diferente? Ansiava por não ter de fazê-lo.

Além disso — e igualmente trabalhando contra a minha fé — havia em mim um pessimismo profundamente enraizado; um pessimismo, naquela época, muito mais de intelecto do que de temperamento. De modo algum eu era infeliz; contudo, havia definitivamente formado a opinião de que o universo era, em termos gerais, uma instituição um tanto lamentável. Tenho plena certeza de que alguns sentirão desgosto, outros rirão, ante a imagem de um menino grosseiro, bem alimentado e trajado em um uniforme etoniano, fazendo um julgamento desfavorável do cosmos. Ambas as opções seriam justificáveis — não porque eu vestia um uniforme etoniano, e sim por se esquecerem de que, no fundo, tudo o que eu demonstrava era meninice. Datas não são tão importantes quanto as pessoas pensam. Imagino que os pensamentos de um adulto foram gerados durante seus primeiros quatorze anos de vida.

Quanto às origens do meu pessimismo, o leitor se recordará de que, embora muito feliz em diversos aspectos, deparei-me logo cedo na vida com uma situação desanimadora. Agora, porém, sou inclinado a pensar que as sementes do pessimismo foram lançadas muito antes da morte da minha mãe; e por ridículo que pareça, acredito que minha falta de destreza com as mãos esteja na raiz do problema.

Mas como? Não, certamente, que uma criança conclua: "Não posso cortar uma linha reta com a tesoura; portanto, o universo é mau". A infância não

Nossa oração matinal deveria ser aquela da Imitação: *Da hodie perfecte incipere*: "Conceda-me hoje ter um começo sem falhas, pois ainda não fiz nada".

"Ato falho" — *O peso da glória*

tem tal poder de generalização e não é, justiça seja feita, tão tola. Nem minha falta de destreza gerou em mim aquilo a que costumamos chamar de complexo de inferioridade.

Não tentava comparar-me com outros meninos; minhas derrotas ocorriam na solidão. O que elas realmente alimentaram em mim foi um senso profundo (e, claro, inarticulado) de resistência ou oposição para com as coisas inanimadas. (E até isso torna o problema abstrato e adulto demais). Talvez seja melhor defini-la como "expectativa consolidada de que todas as coisas fariam exatamente o contrário do que você desejasse". Tudo o que você quisesse manter reto acabaria por dobrar-se; tudo que tentasse dobrar voltaria imediatamente à forma reta. Todos os nós que você desejasse firmes se soltariam; todos os nós que quisesse desatar permaneceriam firmes.

Não é possível verbalizar essas ideias sem ironizá-las; na verdade, não tenho o desejo de vê-las, hoje, exceto como algo irônico. Talvez, porém, sejam precisamente essas primeiras experiências — tão fugazes e tão grotescas para um adulto — que dão à mente as primeiras formas de preconceito, seu senso habitual do que é ou não plausível.

NÃO AGIMOS COM PRESUNÇÃO AO LEVAR PREOCUPAÇÕES A DEUS EM ORAÇÃO?

Cartas a Malcolm

(Carta IV)

P resumo que somente a atenção de Deus mantém a mim (ou a qualquer outra coisa) existindo.

O que, então, estamos realmente fazendo? Toda a nossa concepção do, por assim dizer, ofício da oração depende da resposta.

Somos sempre completamente e, portanto, igualmente conhecidos por Deus. Esse é o nosso destino, gostemos dele ou não. Mas, embora esse conhecimento nunca varie, a qualidade do sermos conhecidos pode variar. Uma escola de pensamento sustenta que "a liberdade é uma necessidade voluntária". Não importa se eles estão certos ou não. Tomo essa ideia apenas como uma analogia. Ordinariamente, ser conhecido por Deus é estar, para esse propósito, na categoria das coisas. Somos, como as minhocas, os repolhos e as nebulosas, objetos do conhecimento divino. Mas quando (a) tomamos consciência do fato — o fato que diz respeito a nós, não a generalização — e (b) concordamos com toda a nossa disposição de sermos assim conhecidos, então, consideramos a nós mesmos, em relação a Deus, não como coisas, mas como pessoas. Nós somos desvelados. Não que algum véu pudesse ter frustrado a visão dele. A mudança está em nós. O passivo se transforma em ativo. Em vez de sermos meramente conhecidos, mostramo-nos, falamos, oferecemo-nos para sermos vistos.

Colocar-nos, assim, em uma posição segura por nós mesmos diante de Deus poderia, em si e sem garantia, ser nada além de presunção e ilusão. Mas somos ensinados que não é assim; que é Deus quem nos dá essa posição. Pois é pelo Espírito Santo que clamamos "Pai". Ao desvelar-nos, ao confessar nossos pecados e "fazer conhecidos" nossos pedidos, assumimos a alta posição de pessoas diante de Deus. E ele, descendo, se torna uma pessoa para nós.

Mas eu não deveria ter dito "se torna". Nele não há o tornar-se. Ele se revela como pessoa: ou revela nele o que é pessoa. Pois — ousarei dizer isso? Em um livro, seriam necessárias páginas de qualificação e de garantia —, em certa medida, Deus é para um homem como esse homem é para Deus. A porta que se abre em Deus é a porta em que o homem bate. (Pelo menos, eu penso assim, geralmente.) A pessoa nele — ele é mais do que uma pessoa — trava conhecimento com aqueles que podem receber ou, pelo menos, encarar isso. Ele fala como "eu" quando nós, de fato, o chamamos de "tu". (Quão bom Buber é!)

Essa conversa de "encontro" é, sem dúvida, antropomórfica; como se Deus e eu pudéssemos estar

A propósito: desde que comecei a orar, vejo mudar meu ponto de vista extremo sobre a personalidade. Meu próprio "eu" empírico torna-se mais importante, o que é exatamente o oposto do amor próprio. Você não ensina uma semente a morrer e a transformar-se em uma árvore jogando-a no fogo: a fim de ser enterrada, a semente deve tornar-se boa.

Collected letters [Cartas seletas], dezembro de 1935.
Carta a Owen Barfield

frente a frente, como duas criaturas semelhantes, quando na realidade ele está acima de mim e dentro de mim e abaixo de mim e ao redor de mim. É por isso que deve ser equilibrado por todo tipo de abstrações metafísicas e teológicas. Mas nunca, aqui ou em qualquer outro lugar, pensemos que, embora as imagens antropomórficas sejam uma concessão a nossa fraqueza, as abstrações são a verdade literal. Ambas são igualmente concessões; cada uma individualmente enganosa, e as duas juntas se corrigem mutuamente.

A não ser que você olhe para ela de modo muito despreocupado, murmurando continuamente "Não deste modo, nem deste modo, nem um nem outro é tu", a abstração é fatal. Ela tornará inanimada a vida de vidas e impessoal o amor de amores. A imagem ingênua é danosa, principalmente na medida em que impede os incrédulos de se converterem. Aos cristãos, mesmo no aspecto mais cruel dela, não causa nenhum dano. Que alma já pereceu por acreditar que Deus, o Pai, realmente tem barba?

Sua outra pergunta, eu acho, é do tipo que realmente pode atrapalhar as pessoas piedosas. Ela era, você se lembra: "Quão importante deve ser uma necessidade ou um desejo antes que possamos fazer adequadamente disso o assunto de uma petição?" *Adequadamente*, eu entendo, aqui quer dizer "sem irreverência" ou "sem tolices", ou ambos.

Após pensar um pouco sobre isso, pareceu-me que, na verdade, há duas questões envolvidas.

1. Quão importante deve ser um objeto antes que possamos, sem pecado e loucura, permitir que nosso desejo por ele se torne uma questão de séria preocupação para nós? Isso, perceba, é uma questão sobre o que escritores antigos chamam de "estado"; isto é, nosso "estado de espírito".

2. Reconhecida a existência de uma preocupação tão séria assim em nossas mentes, ela pode sempre ser adequadamente apresentada diante de Deus em oração?

Todos nós sabemos, em teoria, a resposta para a primeira delas. Devemos buscar o que Santo Agostinho (foi ele?) chama de "amores ordenados". Nossa preocupação mais profunda deve ser pelas primeiras coisas, e nossa próxima mais profunda pelas segundas coisas, e assim por diante, até chegar a zero — ausência total de preocupação por coisas que não são realmente o bem, nem meios para o bem, em absoluto.

Ao mesmo tempo, no entanto, queremos saber, não como deveríamos orar se fôssemos perfeitos, mas como devemos orar como somos agora. E, se minha ideia de oração como "desvelar" for aceita, já teremos respondido a isso. Não adianta pedir a Deus, com seriedade factícia, por A quando nossa mente está, na verdade, totalmente preenchida com o desejo por B.

Devemos colocar diante dele o que está em nós, não o que deveria estar em nós.

Mesmo um amigo íntimo humano é mal aproveitado se falamos com ele sobre uma coisa enquanto nossa mente está voltada para outra, e até mesmo um amigo humano logo se tornará consciente de que estamos fazendo isso. Você mesmo veio me ver uns anos atrás, quando aquele grande golpe se abateu sobre mim. Tentei falar com você como se nada estivesse errado. Você percebeu em cinco minutos. Então, eu confessei. E você disse coisas que me envergonharam de minha tentativa de encobrir.

Pode bem ser que o desejo seja colocado diante de Deus apenas para ser um pecado do qual devamos nos arrepender; mas uma das melhores maneiras de aprender isso é colocar o pedido diante de Deus. Seu problema, entretanto, não era com respeito a desejos pecaminosos nesse sentido; antes, sobre desejos, intrinsecamente inocentes embora pecaminosos, se é que são, apenas por serem mais fortes do que a trivialidade do objeto de seus pedidos. Não tenho a menor dúvida de que, se são o assunto de nossos pensamentos, deve ser o assunto de nossas orações — seja em penitência ou em petição, ou em um pouco de ambos: penitência pelo excesso, mas petição pela coisa que desejamos.

Se alguém os exclui forçosamente, eles não estragam o restante de nossas orações? Se colocarmos todas as cartas na mesa, Deus nos ajudará a moderar os excessos. Mas a pressão das coisas que estamos tentando manter fora de nossa mente é uma distração sem esperança. Como alguém disse: "Nenhum ruído é tão evidente quanto o que você está tentando não ouvir".

O estado de espírito ordenado é uma das bênçãos pelas quais devemos orar, não uma fantasia que devemos vestir quando oramos.

E talvez, como aqueles que não se voltam para Deus nas provações triviais, não terão nenhum *hábito* ou esse recurso para ajudá-los quando as grandes provações vierem, assim, aqueles que não aprenderam a pedir-lhe coisas pueris terão menos disposição para pedir-lhe grandes coisas. Não devemos ser muito idealistas. Acredito que às vezes podemos ser dissuadidos de fazer pequenas orações por um senso de nossa própria dignidade, e não por causa da dignidade de Deus.

COMO A ORAÇÃO CORROBORA COM A IDEIA DA PROVIDÊNCIA DIVINA? PEDIMOS POR MILAGRES AO ORAR?

Miracles
[Milagres]

(do Epílogo B: "On 'Special Providences'"
[Sobre "providências especiais"])

Acontecimentos caem em duas, e apenas duas, categorias: milagres e acontecimentos naturais. Milagres não estão interligados com a história da Natureza na direção contrária — i.e., no tempo antecedente à sua ocorrência. Acontecimentos naturais, sim. Muitas pessoas piedosas, entretanto, falam de certos acontecimentos como "providenciais" ou "providências especiais", sem, com isso, dizer que são milagrosos. A sugestão é que, excluindo milagres, alguns acontecimentos são, em certo sentido, providenciais, enquanto outros, não. Assim, alguns pensam que as condições climáticas que nos permitiram evacuar o exército em Dunkirk foram "providenciais" — no sentido de que o clima como um todo não é providencial. A princípio, a doutrina cristã de que alguns acontecimentos são resposta de oração — embora não representem milagres — sugere essa ideia.

Acho muito difícil imaginar uma classe intermediária de acontecimentos cuja natureza não seja nem milagrosa nem apenas "comum". Ou as condições climáticas em Dunkirk corresponderam com a história prévia do universo — ou seja, com um acontecimento físico produzido inevitavelmente por suas características próprias — ou não. Se sim, como pode ter sido "especialmente" providencial? Se não, então o acontecimento é um milagre.

Assim, ao que me parece, devemos abandonar a ideia de que existe uma classe especial de acontecimentos (além de milagres) que podem ser distinguidos como "especialmente providenciais". A não ser que abandonemos por completo a concepção de providência, e com ela a fé na oração eficaz, a conclusão lógica é que todos os acontecimentos são igualmente providenciais. Se Deus sequer direciona o curso dos acontecimentos, então o faz em relação ao movimento de cada átomo, a cada instante; "nenhum pardal cai no chão" sem o direcionamento divino. A "naturalidade" de acontecimentos naturais não consiste no fato de eles se localizarem de alguma maneira fora da providência de Deus. Antes, consiste em seu entrelaçamento mútuo, dentro de um espaço-tempo comum, de acordo com os padrões fixos das "leis".

A fim de obtermos uma imagem de qualquer coisa, às vezes, é necessário começar com uma imagem falsa e então corrigi-la. A imagem falsa da providência (falsa por ela representar Deus e a Natureza como que contidos em um tempo comum) seria a seguinte: todo acontecimento na Natureza resulta de algum acontecimento prévio, não das leis naturais. A longo prazo, o primeiro acontecimento natural, seja qual tenha sido, direcionou cada acontecimento posterior. Ou seja: quando Deus, no momento da criação, posicionou o primeiro acontecimento no quadro geral das "leis" — desencadeou o primeiro processo — determinou toda a história da Natureza. Antevendo cada parte dessa história, intencionou cada aspecto dela. Se desejasse um clima diferente em Dunkirk, Deus teria feito o primeiro acontecimento um pouco diferente.

Deste modo, o clima que temos é, no sentido mais estrito da palavra, providencial; ele foi decretado, e decretado para um propósito quando o mundo foi criado — mas não mais (embora certamente mais interessante para nós) do que a posição precisa, neste exato momento, de cada átomo nos anéis de Saturno.

Segue-se, então, (ainda retendo nossa imagem falsa) que cada acontecimento físico foi determinado de modo a servir um grande número de propósitos.

Assim, devemos supor que Deus tenha predeterminado o clima em Dunkirk, levando plenamente em conta o efeito que ele teria não apenas no destino de duas nações, mas (o que é incomparavelmente mais importante) também de todos os indivíduos em ambos os lados, bem como de todos os vegetais e minerais ao alcance e, por último, todos os átomos do universo. Pode soar excessivo, mas, na verdade, estamos atribuindo ao Onisciente apenas um nível infinitamente superior de habilidades que um simples romancista humano exerce diariamente na construção de seu enredo.

Suponhamos que, escrevendo uma narrativa, deparo-me com os seguintes problemas: (1) o velho sr. A. tem de estar morto antes do capítulo 15. (2) É melhor que ele morra subitamente, pois, assim, impeço-o de alterar seu testamento. (3) Sua filha (minha heroína) tem de ser mantida fora de Londres por pelo menos três capítulos. (4) Meu herói deve, de alguma forma, recuperar a boa vontade da heroína, que ele perdeu no capítulo sete. (5) Aquele jovem arrogante B. tem de melhorar antes do fim do livro; precisa desesperadamente de um choque moral capaz de humilhá-lo. (6) Ainda não decidimos o trabalho de B.; mas todo o desenvolvimento do seu caráter envolverá dar-lhe um trabalho e mostrar como ele age de fato no trabalho.

Como, possivelmente, conseguirei reunir esses seis itens? Já sei: e se eu incluir um acidente de trem? O velho A. pode ser morto, e isso resolve o problema. Na verdade, o acidente pode ocorrer enquanto ele estiver a caminho de Londres para ver seu advogado com o propósito de alterar seu testamento. Há algo mais natural do que a sua filha acompanhando-o? Dar-lhe-emos ferimentos leves no acidente; isso a impedirá de chegar a Londres por quantos capítulos forem necessários. Além disso, o herói pode estar no mesmo trem. Ele pode se comportar com grande tranquilidade e bravura durante o acidente — provavelmente resgatando a heroína de um vagão em chamas. Isso resolve o meu item quatro. E quanto ao jovem e arrogante B.? Faremos dele o sinaleiro, cuja negligência causou o acidente. Tal situação lhe dará o choque moral necessário, assim como o interligará com o enredo principal. Na verdade, depois de termos pensado no acidente de trem, esse único acontecimento resolverá seis problemas aparentemente isolados.

Sem dúvida, a imagem é intoleravelmente enganosa em certos aspectos: primeiramente porque (exceto com relação ao arrogante B.), não tenho pensado no bem maior dos personagens, mas do leitor; em segundo lugar, porque estamos simplesmente ignorando os efeitos do acidente em todos os demais passageiros do trem; e finalmente porque sou eu quem faço B. dar o sinal errado. Em outras palavras, embora eu tenha fingido que ele tenha livre arbítrio, na verdade ele não tem. A despeito dessas objeções, entretanto, o exemplo talvez sugira como a ingenuidade divina poderia inventar a "trama" física do universo de modo a fornecer uma resposta "providencial" às necessidades de inúmeras criaturas.

Contudo, algumas dessas criaturas têm livre arbítrio. É neste ponto que devemos começar a corrigir a imagem falsa da providência que até agora temos usado. Recorde-se de que essa figura é falsa por representar Deus e Natureza em um tempo comum. No entanto, o provável é que a Natureza não esteja realmente no tempo, e Deus quase que certamente não está. Provavelmente, o tempo (como a perspectiva) seja o meio da nossa percepção. Na verdade, então, não procede a ideia de que Deus, em um ponto no tempo (o momento da criação), adapta antecipadamente a história material do universo a ações livres que eu e você devemos exercer em um momento posterior do tempo. Para Deus, cada acontecimento físico e cada ato humano estão presentes em um eterno agora. A liberação de vontades finitas e a criação de toda a história material do universo (relacionada às ações dessas vontades, em toda a sua necessária complexidade) é, para ele, uma única operação. Nesse sentido, Deus não criou o universo há muito, porém o cria neste exato instante — a cada instante.

Suponhamos que eu encontre um pedaço de papel em que uma linha preta ondulada já se encontra desenhada; agora, posso sentar-me e desenhar outras linhas (vermelhas, digamos) de modo a combiná-las com a linha preta, formando um padrão. Em seguida, suponhamos que a linha preta original esteja consciente — não ao longo de todo o comprimento, de uma vez só, mas apenas em ponto por ponto desse

Se algum cristão que tenta a cura pela *fé* é inspirado por *fé* genuína e amor ou por orgulho espiritual, creio tratar-se de uma questão que não podemos decidir. O assunto é entre o cristão e Deus. Se a cura ocorre em qualquer caso particular, cabe claramente ao médico avaliar. Refiro-me, neste instante, à cura ocorrida em resultado de alguma ação, como a unção ou a imposição de mãos. *Orar pelo enfermo* — i.e., simplesmente orar, sem qualquer ação a mais — é inquestionavelmente correto; de fato, é nossa obrigação e dever orar por todos os homens.

Talvez seja desnecessário dizer que a oração não funciona como remédio ou como mágica, i.e., automaticamente. Oração é um pedido. [...] Ninguém pode estabelecer a eficácia da oração pela estatística... [de modo que] ela continua, então, a ser uma questão de *fé* e da ação pessoal de Deus; a oração seria uma questão de demonstração apenas se fosse impessoal ou mecânica.

Por "pessoal", não quero dizer "particular" ou "individual". Toda oração que fazemos está unida à oração perpétua de Cristo e é parte da oração da Igreja. (Ao orar por pessoas que você não gosta, talvez seja útil lembrar que a sua oração está se unindo à oração de *Cristo* por elas).

Collected Letters [Cartas seletas], 5 de janeiro de 1951.
Carta à sra. Arnold

comprimento, um de cada vez. Nesse modelo, a consciência da linha preta viaja ao longo de sua extensão, da esquerda para a direita, apenas retendo a memória do ponto A ao chegar ao ponto B, incapaz de se conscientizar de C até deixar o ponto B.

Dotemos, agora, essa linha preta de livre arbítrio. Ela escolhe a direção em que deseja ir. A forma ondulada específica é aquela que deseja ter. Embora ela tenha consciência de sua forma escolhida apenas momento a momento e não saiba no ponto D para que lado optará ao chegar no ponto F, posso ver sua forma como um todo, de uma só vez.

A cada momento, a linha preta encontrará as linhas vermelhas que desenhei; as linhas vermelhas estarão à espera da linha preta e adaptadas a ela. Claro: afinal, ao compor meu modelo completo em vermelho e preto, tenho em vista todo o curso da linha preta e a levo em consideração. É muito simples para mim, como designer habilidoso, elaborar linhas vermelhas que intercalam não apenas com cada ponto da linha preta, mas também umas com as outras, preenchendo, assim, todo o papel com um desenho satisfatório.

Nesse modelo, a linha preta representa uma criatura de livre arbítrio; a linha vermelha, acontecimentos materiais; e eu represento Deus. É claro que o modelo seria mais preciso se eu produzisse o papel e o padrão e acrescentasse centenas de milhões de linhas pretas ao invés de apenas uma. Por uma questão de simplicidade, porém, devemos manter o modelo como está.

Perceberemos que, se a linha preta dirigisse orações a mim, eu poderia, se escolhesse, concedê-las. A linha preta poderia rogar que, ao atingir o ponto N, encontrasse as linhas vermelhas dispostas ao seu redor em uma determinada forma. Essa forma, de acordo com as leis do design, exigiria um equilíbrio no modo como as demais linhas vermelhas estão dispostas, localizadas em diferentes partes do papel: algumas na parte superior ou inferior, tão distantes da linha preta que sequer entram em contato com ela; outras tão à esquerda que estão posicionadas antes do início da linha preta; ainda outras tão à direita que só começam com o término da linha preta. (A linha preta chamaria essas partes do papel de "tempo antes de eu nascer" e "tempo depois da minha morte"). Mas essas outras partes do padrão, exigidas pela forma vermelha — isto é, formas que a linha preta deseja em N — não impedem que eu responda à oração, já que todo o seu trajeto esteve visível desde o momento em que eu observei o papel, e seu pedido para quando chegasse ao ponto N estava entre as coisas que eu levei em conta ao decidir o modelo completo.

A maioria das orações que fazemos, se analisadas plenamente, exige milagres ou acontecimentos cujo fundamento deveria ter sido estabelecido antes do nosso nascimento — ou até, de fato, desde o início do universo. Contudo, para Deus (embora não para mim), eu e a oração que faço — em 1945, por exemplo — estávamos tão presentes na criação do mundo quanto agora, e continuaremos em sua presença daqui a um milhão de anos. O ato criativo de Deus é atemporal e atemporalmente adaptado aos elementos "livres" dentro dele: mas essa adaptação atemporal depara-se com a nossa consciência como sequência de oração e resposta.

Seguem, assim, dois corolários:

1. Pessoas geralmente perguntam se determinado acontecimento (não um milagre) realmente foi resposta de oração. Penso que, se analisarem seu pensamento, concluirão que o questionamento é: "Deus ocasionou essa situação por algum propósito especial ou ele teria ocorrido de qualquer maneira, como parte do curso natural dos acontecimentos?". Mas o questionamento (como a velha pergunta: "Você deixou de espancar sua esposa?") impossibilita tanto uma quanto a outra resposta. Na peça *Hamlet*, Ofélia morre porque Shakespeare, por razões poéticas, queria que ela morresse naquele momento — ou por que o galho quebrou?". Creio que alguém teria de responder: "Por ambas as razões".

Cada acontecimento na peça acontece como resultado de outros acontecimentos; ao mesmo tempo, cada acontecimento acontece na peça porque o poeta assim o deseja. Todos os acontecimentos na peça são shakespearianos; semelhantemente, todos os acontecimentos no mundo real são providenciais. Entretanto, cada acontecimento na peça ocorre (ou deve ocorrer) pela lógica dramática de acontecimentos. Do mesmo modo, todos os acontecimentos do mundo real (exceto milagres) ocorrem por causas naturais. "Providência" e causalidade natural não são elementos alternativos; ambos determinam cada acontecimento porque ambos são um.

2. Ao orarmos pelo resultado de, digamos, uma batalha ou uma consulta médica, ocorre-nos muitas vezes que (se apenas conseguíssemos saber!) o acontecimento já está decidido, de uma forma ou de outra. Creio que essa não é uma boa razão para deixar de orar. Certamente, o acontecimento foi decidido — em certo sentido, "antes de todos os mundos". Mas uma das coisas levadas em conta ao decidi-lo — e, portanto, uma das coisas que realmente causou o seu acontecimento — pode ser a oração que estamos, agora, oferecendo. Assim, por mais alarmante que seja, concluo que podemos tomar parte nas causas de um acontecimento cuja ocorrência se deu às dez da manhã. (É mais fácil para alguns cientistas aceitarem isso do que o pensamento popular).

Neste ponto, nossa imaginação tentará, sem dúvida, pregar-nos todo tipo de peça. Ela questionará: "Então, se eu parar de orar, Deus poderá voltar no tempo e alterar o que já aconteceu?". Não. O acontecimento já passou, e uma das causas foi o fato de você se ocupar com esse tipo de pergunta em vez de orar. Ou a imaginação perguntará: "Então, se eu começar a orar, Deus poderá voltar no tempo e alterar o que já aconteceu?". Não. O acontecimento já passou, e uma de suas causas é sua oração atual. Deste modo, algo realmente depende da minha escolha. Minha ação livre contribui com o modelo cósmico. Essa contribuição é feita na eternidade ou "antes de todos os mundos"; mas a minha consciência em contribuir com o acontecimento chega até mim em um determinado ponto na sequência do tempo.

O seguinte questionamento pode ser feito: se podemos orar razoavelmente por um acontecimento que realmente se concretizou ou deixou de se concretizar horas atrás, por que não podemos orar por um acontecimento cuja concretização sabemos *não* ter ocorrido — e.g., orar pela segurança de alguém que, segundo chegou ao nosso conhecimento, não foi protegido ontem e morreu?

Nesse caso, o que faz a diferença é precisamente o nosso conhecimento. O acontecimento revelado declara a vontade de Deus. É psicologicamente impossível orar pelo que sabemos ser impossível de obter; e, se fosse possível, a oração pecaria contra a obrigação que temos de nos sujeitar à vontade revelada de Deus.

Devemos traçar ainda mais um ponto sobre o assunto: nunca é possível provar empiricamente que determinado acontecimento não milagroso foi ou não resposta de oração. Por se tratar de um acontecimento não milagroso, o cético pode sempre remeter a causas naturais e dizer: "em vista disso e daquilo, o acontecimento ocorreria de qualquer maneira". No entanto, o cristão pode sempre responder: "Mas porque isso e aquilo constituem elos em uma cadeia de acontecimentos — os quais, por sua vez, dependem de outros elos — sua ocorrência deve ter resultado da oração de alguém".

Deste modo, a eficácia da oração não pode ser afirmada ou negada sem o exercício da vontade, escolhendo ou rejeitando a fé à luz de toda uma filosofia. Para ambas as partes, não há como formular uma evidência experimental. Na sequência M N O, o acontecimento N, a menos que seja um milagre, é sempre causado por M e a causa de O; mas a questão real é se a série completa (de A—Z, por exemplo) tem origem ou não em uma vontade capaz de levar em conta a oração do ser humano.

Tal impossibilidade de prova empírica constitui uma necessidade espiritual. Um homem que soubesse empiricamente que certo acontecimento foi causado por sua oração se sentiria como um mágico. Sua mente seria afetada e seu coração se corromperia. O cristão não deve questionar se este ou aquele acontecimento se concretizou como resposta de uma oração. Antes, deve crer que todos os acontecimentos, sem exceção, são *respostas* de oração. Afinal, quer sejam concedidas, quer recusadas, a oração de todas as partes envolvidas e a necessidade de todos foram levadas em conta. Todas as orações são ouvidas, ainda que nem todas sejam atendidas.

Não devemos imaginar o destino como um filme que se desenrola em boa parte sozinho, no qual, às vezes, somos autorizados a adicionar elementos por meio da oração. Pelo contrário: o que o filme nos mostra enquanto se desenrola já contém resultados da nossa oração e de todas as demais ações que tomamos.

Não restam dúvidas quanto a determinado acontecimento *se concretizar ou não* como resultado de sua oração. Quando o acontecimento pelo qual você orou ocorre, sua oração sempre contribuiu para ele; quando o oposto acontece, sua oração nunca foi ignorada: ela foi considerada e recusada, para o seu bem definitivo e para o bem de todo o universo. (Por exemplo: Deus sabe que, no longo prazo, é melhor para você e para todo mundo deixar que as pessoas exerçam o livre arbítrio — incluindo os ímpios — do que protegê-lo de crueldades e traição à custa da transformação da raça humana em robôs). Mas isso é, e deve continuar sendo, uma questão de fé. Penso que você só se enganará tentando encontrar evidências especiais para a resposta à oração em alguns casos mais do que em outros.

A ORAÇÃO EXIGE UMA INTROSPECÇÃO MÓRBIDA DO NOSSO PECADO?

Deus no banco dos réus

(do capítulo intitulado "Transgressores miseráveis")

Quando Deus olha para seu escritório, ou sua congregação, ou sua escola, ou seu hospital, ou sua fábrica ou sua casa, ele vê todas essas pessoas de que falamos e, é claro, vê uma a mais: aquela que você mesmo não consegue ver. Podemos ter certeza de que, assim como há algo nos demais que constantemente frustra nossos melhores esforços, existe algo em nós igualmente fatal que está sempre frustrando os esforços alheios. Caso sejamos iniciantes na vida cristã, não temos um parâmetro para ver esta falha fatal com clareza. Quem tem mau hálito consegue senti-lo? O frequentador chato do clube tem consciência de que é chato? Por acaso existe algum homem que acredita ser chato ou extremamente invejoso? Não obstante, o mundo está repleto de chatos e invejosos. Se tivermos essas características, todos saberão antes que nós mesmos saibamos. É aí que nos perguntamos por que nossos amigos não nos contaram. Mas será que não contaram mesmo? Eles talvez tenham tentado várias vezes, e, em todas elas, achamos que estavam agindo de modo estranho, que estavam de mau humor ou simplesmente enganados. Eles talvez tenham tentado muitas vezes e provavelmente desistiram.

O que deve ser feito a respeito? De que adianta eu falar aqui sobre a falha fatal se não temos consciência dela? Creio que o primeiro passo seja abordar as falhas que sabemos ter. Estou falando a cristãos. Muitos, sem dúvida, estão muito à frente de mim na caminhada cristã. Não me compete determinar se vocês devem confessar seus pecados a um pastor ou não (nosso *Livro de oração comum* deixa a questão em aberto, sem exigir esta atitude de ninguém), mas, caso não o façam, é preciso, pelo menos, listar os problemas e realizar um ato sincero de penitência com respeito a cada um deles.

Há algo poderoso nas palavras comuns, conquanto que se evitem dois perigos: o exagero emotivo — isto é, tentar requintar as coisas e transformar pequenas questões em pecados melodramáticos — e o oposto a isso, que é a atenuação dos problemas. É essencial utilizar palavras comuns, simples e conhecidas que usaríamos com qualquer outra pessoa. Com isso, me refiro a palavras tais como "roubo", "fornicação" e "ódio" em vez de imprecisões como: "Eu não tive a intenção de ser desonesto", "Eu era só um rapaz" ou "Perdi a cabeça". Acredito que esta atitude — de enfrentar com sobriedade aquilo de que já temos consciência e colocá-lo diante de Deus sem desculpas, de

Creio que seja perfeitamente correto mudar seu método de oração de vez em quando; na verdade, suponho que todo aquele que ora com seriedade muda sua forma de orar. Necessidades e capacidades individuais mudam; ademais, para criaturas como nós, orações excelentes podem "morrer" se as empregarmos por muito tempo. Quer usemos orações compostas por outras pessoas ou recitemos as próprias palavras; quer façamos orações sem falar nada ou misturemos essas últimas três opções, o método escolhido cabe, ao que tudo indica, a cada indivíduo à luz de sua experiência pessoal. Particularmente, acho que orar sem falar nada é a melhor opção *quando* consigo fazê-lo, mas isso só pode acontecer com o mínimo de distração e nas melhores condições de saúde espiritual e física (ou que penso serem as melhores). Outra pessoa, porém, pode achar o contrário.

Collected Letters [Cartas seletas], 20 de outubro de 1952.
Carta à sra. Arnold

pedir com sinceridade seu perdão e graça, e de decidir fazer todo o possível para melhorar — seja a única maneira pela qual podemos conhecer o erro fatal que está sempre diante de nós, em vez de apenas procurar ser perfeitos para nosso cônjuge ou nos tornar melhores chefes ou empregados. Se nos submetermos a esse processo, não duvido de que a maioria de nós compreenderá e compartilhará palavras antigas como "contrito", "miserável" e "intolerável".

Por acaso isso soa muito sombrio? Será que o cristianismo incentiva uma introspecção mórbida? Ora, a outra alternativa é muito mais mórbida. Aqueles que não refletem sobre os próprios pecados acabam pensando sem cessar sobre os pecados dos outros. É mais saudável pensar sobre os próprios pecados; isto é o contrário de mórbido. Ela nem mesmo é, em última análise, tão sombria. Uma tentativa séria de arrependimento e de realmente identificar os próprios pecados é, no final das contas, um processo que traz leveza e alívio. Sem dúvida, haverá, em um primeiro momento, consternação e, com frequência, certo terror seguido de dor intensa; contudo, isso é muito melhor do que a angústia de uma multidão de pecados não analisados nem confessados escondida no fundo da mente. É a mesma diferença entre a dor de dente que nos faz procurar o dentista e a dor momentânea que sentimos quando extraímos um dente, a qual tende apenas a diminuir.

QUAIS SÃO AS DICAS PARA QUE EU EVITE DEUS E A ORAÇÃO?

(uma perspectiva diabólica)

Nota do editor: *Em* Cartas de um diabo a seu aprendiz, *Lewis escreve pelo personagem de um mestre tentador demoníaco chamado Maldanado, aconselhando seu aprendiz mais jovem, Vermelindo, responsável por tentar determinado ser humano. Assim, espera-se que o leitor traduza algumas palavras em sua mente ("o Inimigo", por exemplo, como referência a Deus) para se beneficiar do exame perspicaz de como nossa alma funciona.*

parte I:

ASSEGURE-SE DE QUE SUA ORAÇÃO SEJA DEVIDAMENTE "ESPIRITUAL"

Cartas de um diabo a seu aprendiz

(Carta III)

M eu querido Vermelindo,

[...] Sem dúvida, é impossível evitar que ele ore pela mãe, mas temos meios de tornar essas orações inócuas. Certifique-se de que elas sejam sempre muito "espirituais", que ele sempre se preocupe com o estado da alma da mãe, e nunca com o reumatismo dela. Há duas vantagens nisso. Em primeiro lugar, sua atenção ficará concentrada no que ele considera serem os pecados dela, pelo que, com um pouco de orientação da sua parte, ele poderá ser induzido a considerar pecado as ações da mãe que julga inconvenientes ou irritantes. Assim, você pode continuar a esfregar as feridas do dia de forma um pouco mais forte, mesmo enquanto ele estiver de joelhos; a operação é muito fácil e você vai achá-la bastante divertida. Em segundo lugar, já que as ideias dele sobre a alma da mãe serão muito rudimentares e muitas vezes errôneas, ele estará, até certo ponto, orando por uma pessoa imaginária, e a sua tarefa será tornar essa pessoa imaginária todos os dias cada vez menos parecida com a mãe real — a senhora idosa de língua afiada à mesa do café da manhã. Com o passar do tempo, a divisão que você causou entre eles será tamanha que nenhum pensamento ou sentimento de suas orações pela mãe imaginária alcançará ou servirá de ajuda à mãe verdadeira. Eu já tive tamanho controle sobre alguns de meus pacientes que era possível fazê-los levantar da oração pela alma da esposa ou do filho para ir bater na esposa ou no filho reais ou mesmo insultá-los sem o menor escrúpulo. [...]

As sugestões amadorísticas da sua última carta me alertaram para o fato de que está mais do que na hora de eu escrever para instruí-lo sobre o doloroso tema da oração. Você poderia ter me poupado do comentário de que minhas advertências sobre as orações do humano pela mãe dele "se provaram singularmente infelizes". Um sobrinho nunca deveria escrever esse tipo de coisa ao tio — nem um tentador iniciante ao subsecretário de um departamento. Esse fato também revela um desejo desagradável de passar adiante a responsabilidade. Você deve aprender a pagar pelos seus próprios erros.

A melhor coisa, sempre que possível, é manter o paciente longe de qualquer tentativa séria no sentido de qualquer tipo de oração. Se o paciente for um adulto recentemente convertido ao partido do Inimigo, como é o caso do seu homem, a melhor maneira de fazer

De todas as derrotas mancas e vergonhosas —
   ah! Quão numerosas —
De todas as vitórias que julguei maravilhosas,
De todo argumento que em teu nome desferi,
Ante os quais, se anjos choram, a audiência ri;
De toda prova vã da tua divindade;
Livra-me, antes que eu caia em vaidade.

Pensamentos e moedas não têm cara permanente:
São efigies desgastadas, faces mortas e que mentem.
Não me deixes fiar neles, em ideias sobre ti.
Por teu silêncio me liberta, se em debate eu te traí.

Senhor da porta estreita, do fundo da agulha;
Arranca-me o trunfo, antes que na morte eu durma.

   "Oração vespertina do apologeta" — *Poems* [Poemas]

isso é incentivando-o a se lembrar, ou achar que está se lembrando, da natureza repetitiva de suas orações na infância. Para contrariar isso, ele poderá ser persuadido a vislumbrar algo inteiramente espontâneo, íntimo, informal e não regulamentado. E isso na verdade significará, para o iniciante, um esforço de produzir em si mesmo um *estado de espírito* vagamente devocional, no qual a concentração real da vontade e da inteligência não desempenhem papel algum. Um de seus poetas, Coleridge, registrou certa vez que não orava "mexendo os lábios e pondo-se de joelhos", mas simplesmente "preparava o seu espírito para amar" e se entregava a "uma atitude de súplica".

Esse é exatamente o tipo de oração que desejamos; e como carrega uma semelhança superficial com a oração silenciosa conforme praticada por aqueles que estão em nível bem avançado no serviço prestado ao Inimigo, os pacientes espertos e preguiçosos poderão ser apanhados nessa armadilha durante um período bem longo de tempo. No mínimo, poderão ser persuadidos de que a posição do corpo não faz qualquer diferença na sua oração, pois se esquecem constantemente, coisa de que você deve se lembrar sempre, de que são animais, e de que qualquer coisa em relação ao seu corpo afetará suas almas. É engraçado ver como os mortais sempre nos acusam de enfiar ideias em suas cabeças: na verdade, nosso trabalho mais importante é manter coisas fora delas.

Se isso falhar, você terá de apelar para uma distorção mais sutil da intenção deles. Sempre que estiverem a serviço do Inimigo, teremos sido derrotados, mas há formas de impedi-los de fazer isso. A mais simples é desviar a atenção deles para si mesmos. Mantenha-os ocupados com os próprios pensamentos e tentando produzir *sentimentos* pela ação de suas próprias vontades. Quando tiverem a intenção de pedir-lhe um ato de caridade, faça com que, em vez disso, comecem a tentar produzir neles mesmos sentimentos caridosos, mas sem que eles notem que são eles próprios que estão fazendo isso. Quando tiverem a ideia de orar por coragem, deixe-os tentar sentirem-se realmente corajosos. Quando disserem que estão orando por perdão, deixe-os tentar sentirem-se perdoados. Ensine-os a estimarem o valor de cada oração por seu sucesso em produzir o sentimento desejado, e nunca os deixe suspeitar de que esse tipo de sucesso ou de fracasso irá depender de estarem bem ou mal, descansados ou exaustos, naquele momento.

Mas, é claro, o Inimigo não ficará de braços cruzados nesse meio tempo. Sempre que houver oração, haverá o perigo de sua ação imediata. Ele fica cinicamente indiferente à dignidade de sua posição, e à nossa, meros espíritos puros, e sobre os animais humanos que se colocam de joelhos, e derrama quantidades enormes de autoconhecimento sem o menor escrúpulo. Mas, mesmo se ele derrotar você em sua primeira tentativa de ludibriar o seu humano, temos uma arma mais sutil. Os humanos não possuem aquela percepção direta dele que nós, infelizmente, não conseguimos evitar. Nunca conheceram aquela luminosidade sinistra, aquele resplendor penetrante e intenso que compõe o pano de fundo do sofrimento permanente de nossa vida. Se conseguir olhar dentro da mente do paciente enquanto ele ora, não encontrará *isso*. Se examinar o objeto ao qual ele está servindo, descobrirá que se trata de uma composição de vários ingredientes bastante ridículos. Haverá imagens derivadas de retratos do Inimigo, quando este surgiu durante episódio desacreditado e conhecido como encarnação: haverá imagens ainda mais vagas — talvez bem primitivas e pueris — associadas às outras duas pessoas. Haverá até um pouco de sua própria reverência (e das sensações físicas que a acompanham) tornadas em objetos e atribuídas ao objeto reverenciado. Sei de casos em que aquilo que o paciente chamava de seu "Deus" era, na verdade, uma *localização física* — no canto esquerdo do teto do seu quarto, ou de dentro de sua própria cabeça, ou um crucifixo na parede. Mas qualquer que seja a natureza do objeto composto, você terá de mantê-lo orando para *aquilo* — para a coisa que ele fez, não para a pessoa que o tenha criado. Talvez até mesmo o encoraje a dar grande importância à correção e ao aperfeiçoamento do seu objeto composto, e a mantê-lo constantemente diante dos olhos de sua imaginação ao longo de toda oração, pois se ele jamais chegar a fazer a distinção, se direcionar conscientemente suas orações "não para o que eu penso que sejas, mas para o que sabes que és", nossa situação será, nessa hora, desesperadora. Uma vez que todos os seus pensamentos e imagens tiverem sido descartados, ou preservados, mas com o pleno reconhecimento de sua natureza meramente subjetiva, e uma vez que o homem entregar-se à Presença completamente real, externa, invisível, que estará com ele no quarto e nunca será conhecida dele, como ele é conhecido por ela — então, meu amigo, é que tudo poderá acontecer. Para evitar essa situação embaraçosa — essa completa nudez da alma na oração — você se valerá do fato de que os próprios humanos não desejam isso tanto quanto se pode supor. Existe mesmo essa coisa chamada receber mais do que aquilo que estavam pedindo!

parte 2:

ACREDITE QUE VOCÊ NÃO É UM BOM CRISTÃO

Cartas de um diabo a seu aprendiz
(Carta XII)

M eu querido Vermelindo,

[...] Estou quase feliz de ouvir que ele ainda frequente a igreja e comungue. Sei que há perigos nisso, mas qualquer coisa é melhor do que deixá-lo se dar conta do rompimento definitivo com os primeiros meses de sua vida cristã. Desde que mantenha os hábitos exteriores de cristão, ele ainda pode ser levado a pensar acerca de si mesmo como alguém que tenha, sim, conquistado alguns novos amigos e divertimentos, mas cujo estado espiritual é o mesmo de seis semanas atrás. E, enquanto ele pensar assim, não teremos que brigar com o arrependimento explícito de um pecado definitivo, totalmente reconhecido, mas apenas com o sentimento vazio — o qual é bastante incômodo, diga-se de passagem —, de que ele não estava se comportando muito bem ultimamente.

Essa leve inquietação requer tratamento cuidadoso. Se ela se tornar muito forte, pode despertá-lo e estragar tudo. Por outro lado, se você a suprimir inteiramente — o que, a propósito, o Inimigo provavelmente não vai lhe permitir fazer —, vamos perder um elemento na situação que poderia reverter em nosso favor. Se permitirmos que esse sentimento sobreviva, mas não o deixarmos se tornar irresistível nem gerar arrependimento genuíno, isso trará excelentes frutos, pois aumentará a relutância do paciente em pensar no Inimigo. Todos os seres humanos de quase todas as épocas manifestam essa relutância, mas quando pensar sobre ele envolve encarar e intensificar a nuvem vaga de culpa semiconsciente, essa relutância se multiplica por dez. Eles odeiam qualquer ideia que se associe ao Inimigo, da mesma forma que pessoas em dificuldades financeiras odeiam a mera visão de seu extrato bancário. Nesse estado, o paciente não vai negligenciar, mas gostará cada vez menos de realizar seus deveres religiosos. Irá refletir sobre eles o mínimo possível, para não perder a decência, e também irá esquecê-los o mais rápido que puder assim que der conta deles. Algumas semanas atrás, você teve que *tentá-lo* para a irrealidade ou desatenção nas suas orações: mas agora o encontrará de braços abertos para você, quase implorando que o distraia de seus propósitos e entorpeça o seu coração. Ele vai *querer* que suas orações sejam irreais, pois não vai recear nada senão o contato efetivo com o Inimigo. O seu lema será nunca mexer em vespeiro.

À medida que essa condição for se consolidando, você será gradativamente liberto da tarefa cansativa

Desse modo, as orações feitas no estado de aridez são aquelas que o agradam mais. Podemos arrastar nossos pacientes por meio da tentação contínua, porque nosso propósito em relação a eles é apenas que sirvam de refeição, e quanto mais conseguirmos interferir na vontade deles, melhor. O Inimigo não pode "tentá-los" para a virtude da mesma forma que "tentamos" para o vício. Ele quer que eles aprendam a andar sozinhos e deve, por isso, retirar a sua mão. E se o que restar for apenas a vontade de andar, ele ficará satisfeito até mesmo com seus tropeços.

"Carta VIII" — *Cartas de um diabo a seu aprendiz*

de providenciar prazeres para usá-los como tentações. E à medida que a ansiedade e a relutância do paciente de encará-la o afastam cada vez mais da felicidade real, e como o hábito torna os prazeres da vaidade, da excitação e da irreverência cada vez menos importantes e difíceis de dispensar (pois felizmente é isso que o hábito faz com o prazer), você descobrirá que qualquer coisa ou nada será suficiente para atrair sua atenção errante. Não será mais preciso um bom livro (algo que realmente lhe traz prazer) para mantê-lo longe de suas orações, de seu trabalho ou de seu sono; os classificados do jornal de ontem vão dar conta disso. Você poderá fazê-lo perder tempo não apenas em conversas que lhe agradem, mas também em conversas com pessoas para as quais ele não dá a mínima, sobre assuntos que o entediam. Você pode fazê-lo ficar inativo por longos períodos de tempo, ou pode mantê-lo acordado à noite, sem que esteja na festa, olhando fixamente para a lareira apagada em um quarto frio. Todas as atividades saudáveis e sociáveis que queremos que ele evite podem ser inibidas sem dar *nada* em troca, de modo que ao menos ele possa dizer, como um dos meus próprios pacientes ao chegar aqui no Inferno: "Vejo agora que desperdicei a maior parte da minha vida sem fazer o que deveria *nem* o que desejava". Os cristãos descrevem o Inimigo como alguém "sem o qual Nada é forte". E o "Nada" é bem forte: forte o bastante para roubar os melhores anos de uma pessoa, não em doces pecados, mas num sombrio devaneio da mente sobre sabe-se lá o quê nem por que, na satisfação de curiosidades tão débeis que o homem se torna apenas semiconsciente delas, tamborilando os dedos e sapateando, assobiando canções das quais não gosta, ou em um longo e turvo labirinto de fantasias que não dão nem prazer nem satisfazem a ambição para lhe dar algum sabor, mas que, tendo sido iniciadas pelo acaso, a criatura estará fraca e inebriada demais para se livrar delas.

Você dirá que esses são pecados muito ínfimos e, sem dúvida, como todos os tentadores jovens, você está ansioso para poder reportar perversidades espetaculares. Mas lembre-se de que a única coisa que importa é o quanto você consegue afastar o homem do Inimigo. Não importa quão pequenos são os pecados desde que o seu efeito cumulativo seja o de desviar o homem para longe e para fora da luz, direto para o Nada. O assassinato não será melhor que o carteado se este der conta do recado. A estrada mais segura para o Inferno é gradativa — a ladeira é suave, o solo é macio, sem curvas acentuadas, sem marcos e sem postes indicadores.

parte 3:

TRATE A ORAÇÃO COMO UM TESTE A DEUS

Cartas de um diabo a seu aprendiz

(Carta XXVII)

M eu querido Vermelindo,

Parece que você não está muito bem empenhado no momento. Usar o "amor" dele para impedir que ele pense no Inimigo é uma medida óbvia, mas você mostra que faz péssimo uso disso quando diz que essa questão da distração e das divagações do seu paciente se tornou agora um dos principais assuntos das orações dele. Isso significa que você fracassou em grande escala. Quando essa ou qualquer outra distração passa pela cabeça dele, você deve encorajá-lo a descartar tudo com base na pura força de vontade e a continuar orando normalmente como se nada tivesse acontecido; uma vez que ele aceite a distração como seu problema atual e coloque *isso* diante do Inimigo, e faça dela o tema central de suas orações e de seus esforços, então, longe de fazer algo bom, você estará nos prejudicando. Qualquer coisa, até mesmo um pecado que tenha o efeito total de trazê-lo para perto do Inimigo, volta-se contra nós em longo prazo.

Uma linha de ação promissora é a seguinte: agora que ele está apaixonado, uma nova ideia de alegria *terrena* surgiu na mente dele: e, assim, uma nova urgência em suas orações puramente peticionais — sobre essa guerra e outros assuntos semelhantes. Agora é a hora de levantar dificuldades intelectuais quanto à oração desse tipo. A falsa espiritualidade deverá sempre ser encorajada. Pelo motivo aparentemente piedoso de que "o louvor e a comunhão com Deus são a oração verdadeira", os humanos podem ser facilmente induzidos a uma desobediência direta ao Inimigo que (do modo que é típico dele, ou seja, de modo vulgar, desinteressante e monótono) lhes disse definitivamente para orar por seu pão diário e pela recuperação de seus doentes. Você vai, é claro, ocultar-lhe o fato de que a oração pelo pão diário, interpretada num "sentido espiritual", é, com efeito, tão toscamente peticionária quanto seria em qualquer outro sentido.

Mas já que o seu paciente contraiu o péssimo hábito da obediência, ele provavelmente vai continuar a fazer esse tipo de oração "tosca", não importa o que você faça. Logo, você deve preocupá-lo com a suspeita assombrosa de que essa prática é absurda e não traz nenhum resultado objetivo. Não se esqueça de usar o argumento "cara ou coroa". Se aquilo pelo que ele está orando não acontecer, então, isso será mais uma prova de que as orações peticionais não funcionam; se acontecer, ele irá, é claro, estar em condições de ver algumas das causas físicas que levaram a isso, e, "portanto, isso teria acontecido de qualquer jeito". Assim, ambas, a oração respondida e a negada, se tornam uma prova excelente de que as orações são de fato ineficazes.

Você, sendo um espírito, achará difícil entender como seu paciente consegue se confundir assim. Mas se lembre de que ele dá como certo que o tempo é uma realidade suprema. Ele supõe que o Inimigo, da mesma forma que ele mesmo, vê algumas coisas no presente, lembra-se de outras como sendo passadas, e ainda antecipa outras como futuras; ou mesmo se ele acreditar que o Inimigo não vê as coisas dessa forma, ainda que, no íntimo do seu coração, ele considere isso uma peculiaridade do modo de percepção do Inimigo — ele não acha realmente (embora dissesse que sim) que as coisas são como o Inimigo as vê! Se você tentasse explicar a ele que as orações dos homens de hoje representam uma dentre as inúmeras coordenadas com as quais o Inimigo harmoniza o tempo de amanhã, ele retrucaria dizendo que, então, o Inimigo sempre soube que os homens fariam aquelas orações e, nesse caso, os humanos não oram livremente, mas foram predestinados a fazer isso. E ele acrescentaria que o tempo em um determinado dia pode ser reconstituído, por meio de suas causas, até a criação original da matéria em si — de modo que a coisa toda, tanto do lado humano quanto do lado material, é dada "desde o início". O que ele deve dizer, que é bastante óbvio para nós, é que o problema de ligar determinados tempos a orações particulares é meramente superficial em dois pontos de seu modo de percepção temporal: do problema total de ligar todo universo espiritual a todo o universo corpóreo; que a criação opera, em sua totalidade, em cada ponto do espaço e tempo, ou, antes, que seu tipo de consciência os força a ver o ato criativo completo, dotado de consistência própria, como uma série de eventos sucessivos. *Por que* esse ato criativo deixa espaço para o seu livre-arbítrio é o problema de todos os problemas, o segredo por trás de toda essa baboseira chamada "amor". *Como* isso acontece não é nenhum problema, pois o Inimigo não antevê como os homens vão contribuir livremente para o futuro, mas *vê* as práticas deles em seu eterno agora. E, obviamente, observar um homem fazendo algo não é o mesmo que forçá-lo a fazer isso.

parte 4:

CONCENTRE-SE NO SEU PRÓPRIO ESTADO MENTAL

Cartas de um diabo a seu aprendiz

(Carta VI)

Meu querido Vermelindo,

[...] Não há nada mais eficaz que o suspense e a ansiedade para bloquear a mente humana contra o Inimigo. Ele quer que os homens fiquem preocupados com o que fazem; nosso negócio é fazer com que fiquem constantemente pensando sobre o que vai acontecer com eles.

É claro que o seu paciente já terá se convencido de que precisa se submeter com paciência à vontade do Inimigo. O que o Inimigo quer dizer com isso é essencialmente que ele deve aceitar com paciência a tribulação que lhe sobreveio — a ansiedade e o suspense atuais. É sobre *isso* que ele deve dizer: "Seja feita a tua vontade" e, pela tarefa diária de suportar *isso* que o pão de cada dia será providenciado. O seu negócio é garantir que o paciente nunca pense no medo presente como a cruz que lhe foi designada, mas apenas nas coisas que o deixam temeroso. Deixe-o considerá-las como sendo as suas cruzes: não o deixe pensar que, já que são incompatíveis, elas não podem todas acontecer com ele, e faça-o praticar a coragem e a paciência em relação a elas, mesmo antes de acontecerem. Porque uma resignação real, ao mesmo tempo, para com uma dúzia de situações diferentes e hipotéticas, é quase impossível, sendo que o Inimigo não ajuda muito aqueles que tentam ficar nesse estado de conformação. A resignação ao sofrimento presente e real, mesmo quando esse sofrimento consiste basicamente no medo, é mais cômoda e geralmente é auxiliada por essa ação direta.

Há uma lei espiritual importante envolvida aqui. Expliquei que você pode enfraquecer as orações do seu paciente desviando a atenção dele do Inimigo em si, para atentar sobre os seus próprios estados mentais em relação a ele. Por outro lado, o medo se torna mais fácil de dominar quando a mente do paciente é desviada da coisa temida para o medo em si, considerado um estado presente e indesejável de sua própria mente — e quando ele se refere ao medo como a cruz que lhe foi designada, passa inevitavelmente a pensar nisso como um estado de espírito. Por isso, é possível formular a seguinte regra geral: em todas as atividades mentais que favoreçam a nossa causa, encoraje o paciente a não atentar para si mesmo, e sim a concentrar-se no objeto; mas, no caso daquelas atividades que favoreçam o Inimigo, leve-o a concentrar-se só em si. Faça com que um insulto ou o corpo de uma mulher prendam tanto a atenção dele no objeto, que ele não chegue a pensar algo como: "estou entrando agora em um estado chamado Raiva — ou no estado chamado Luxúria". Em contrapartida, faça-o refletir em termos como: "agora, meus sentimentos estão se tornando mais puros, ou mais generosos", e, então, fixe a sua atenção dentro dele mesmo para que não consiga mais olhar para além de si a ponto de enxergar nosso Inimigo ou seu próximo.

COMO FAZEMOS DA ORAÇÃO UMA PRÁTICA REGULAR?

"Letters to an American Lady"
[Cartas a uma senhora americana]

Cara sra. ,

Tenho orado por você diariamente, como sempre. Ultimamente, porém, percebi-me fazendo isso com muito mais preocupação, especialmente quando, cerca de duas noites atrás, bateu-me um sentimento muito forte de como seria prazeroso, se Deus permitisse, receber uma carta sua com boas notícias. E então, como que por mágica (de fato, a magia mais branca do mundo!), sua correspondência chegou hoje.

Não que seu alívio não tivesse de fato ocorrido antes da minha oração. Na verdade, é como se Deus demonstrasse ternura por minha fé insignificante (antes que eu me entregasse à ansiedade), levando-me a orar, pouco antes de conceder meu desejo, com especial sinceridade. Quão verdadeiro é que nossa oração é a oração dele! Ele fala consigo por meio de nós. […]

Não penso que devemos manter o ritmo normal da oração quando estamos enfermos ou exaustos, embora não diria isso a um principiante, alguém cujo hábito ainda não está formado. Mas você já passou desse estágio. Não devemos fazer da vida cristã um sistema meticuloso de leis... [por] duas razões: (1) aumenta nossa hesitação e dúvida quando não mantemos a rotina e (2) nossa presunção quando a mantemos. Nada é mais eficaz para dar a alguém um falso senso de boa consciência do que guardar regras, mesmo quando há ausência total de amor verdadeiro e fé genuína. Além do mais, pessoas que ficam longe da escola com a aprovação do seu diretor ou o consentimento de seu médico são tão obedientes quanto alunos que não perdem aula. Verifique esses pontos com seu conselheiro: aposto que ele dirá a mesma coisa.

Outrossim, é claro que a presença de Deus não é o mesmo que o senso da presença de Deus. Enquanto a presença divina pode existir apenas no plano da imaginação, o senso de tal presença pode não servir de "consolo adequado". O Pai não estava realmente ausente quando o Filho questionou: "Por que me desamparaste?". Vemos, nessa situação, o próprio Deus sujeitando-se, como homem, ao senso humano do abandono.

Em termos naturais, podemos estabelecer um paralelo cuja analogia parece estranha a um solteiro escrever para uma dama, mas iluminador demais para não ser usado. O ato que gera uma criança deveria ser acompanhado pelo prazer, e geralmente é. Não é o prazer, porém, que gera a criança. Onde há prazer, pode haver esterilidade; onde não há prazer, o ato

Se, quando jovem, você fizer suas orações num jardim, resoluto em não se deixar afetar pelo orvalho, os pássaros e as flores, sairá dali inebriado por seu frescor e alegria. Mas, se você for ao jardim com o propósito de ser afetado por ele, é muito mais provável que, depois de uma certa idade, quase nada lhe aconteça.

"O gostar e o amar em relação aos sub-humanos"— *Os quatro amores* pode ser fértil. O mesmo se dá no casamento espiritual entre Deus e a alma: é a presença real do Espírito Santo, não a sensação de sua presença, que gera Cristo em nós. A *sensação* da presença é uma dádiva adicional, e somos gratos por essa percepção quando ela ocorre. Mas ela não passa de uma dádiva extra. [...]

Todos passamos por momentos de aridez em nossa oração, não é verdade? Duvido (mas pergunte ao nosso *directeur*) que sejam necessariamente um mau sintoma. Às vezes, suspeito que aquela que *sentimos* ser nossa melhor oração é, na verdade, a pior; e que tudo que realmente experimentamos não passa de uma satisfação aparente de sucesso, como a execução de uma dança ou a declamação de um poema. Às vezes, não seria o caso de a nossa oração falhar devido à nossa insistência em falar com Deus, quando, na verdade, é seu desejo falar conosco?

Certa vez, Joy me contou sobre uma experiência que teve quando, um dia de manhã, sentiu fortemente que Deus desejava algo dela — uma pressão persistente, como o incômodo causado por um dever negligenciado. A manhã decorria, e ela continuava a se questionar sobre o que aquilo significava. No exato instante, porém, em que ela parou de se preocupar, a resposta veio, tão clara como uma voz audível. A resposta foi: "Não quero que você *faça* nada. Desejo lhe *dar* uma coisa" — e imediatamente seu coração se encheu de paz e alegria. Santo Agostinho diz: "Deus concede dádivas ao encontrar mãos vazias". Um homem com as mãos cheias de embrulhos não pode receber um presente. Talvez os embrulhos não correspondam sempre com pecados ou cuidados terrenos; às vezes, trata-se da nossa própria tentativa espalhafatosa de adorá-lo da *nossa* forma. Aliás, o que normalmente mais interrompe a nossa oração não são grandes distrações, mas distrações pequenas — aquilo que devemos fazer ou evitar durante a próxima hora. [...]

Sim — às vezes é difícil obedecer ao "regozijai-vos sempre" do apóstolo Paulo. Devemos tentar viver a vida um momento de cada vez. Normalmente, o *presente* é tolerável, penso eu, quando nos abstemos de acrescentar ao seu fardo as cargas do passado e do futuro. Quão correto Nosso Senhor está ao declarar: "Basta a cada dia o seu próprio mal". Será que até pessoas piedosas, em sua reverência pelo elemento mais radiante e divino nas palavras de Jesus, às vezes atentam muito pouco para o puro senso comum no que ele diz? [...]

Continuemos a orar, sem falta, um pelo outro. Talvez seja a única forma de "trabalho pela unidade" que não resulta em nada além do que é bom. Deus abençoe você.

Atenciosamente,
C. S. Lewis

COMO PODEMOS DEIXAR DE SER UM OBSTÁCULO PARA SI MESMO E ORAR?

O peso da glória

(do capítulo "Ato falho")

Há algum tempo, quando eu estava usando a oração prevista para o quarto domingo depois da Trindade em minhas orações privativas, percebi que havia cometido um ato falho. Embora minha intenção fosse a de orar para ter força para passar pelas provações temporais e que eu, finalmente, não perdesse as dádivas eternas, achei que tivesse orado para que eu passasse pelas coisas eternas de modo que eu, finalmente, não perdesse as coisas temporais. É claro que não considero todo ato falho pecado. Não estou certo de que sou mesmo um freudiano rigoroso o bastante para crer que todos os atos falhos, sem exceção, sejam profundamente significativos. Contudo, penso que alguns deles são e eu achei que este em particular de fato é. Pensei que aquilo que tinha dito de maneira inadvertida expressava muito de perto algo que eu tinha realmente desejado.

Apesar de extremamente perto, não precisamente, é claro. Nunca fui tão tolo para pensar que o eterno pudesse, rigorosamente, ser "atravessado". Aquilo que eu queria superar, sem prejuízo das coisas temporais, eram aqueles momentos nos quais eu dei atenção ao eterno, nos quais eu me expus a ele.

Queria dizer este tipo de coisa. Faço minhas orações, leio um livro devocional, preparo-me para, ou recebo, a Ceia do Senhor, mas, enquanto faço essas coisas, existe, por assim dizer, uma voz dentro de mim me exortando à cautela. Ela me diz para ser cuidadoso, para manter a cabeça no lugar, para não ir muito longe e não queimar meus barcos. Entro na presença de Deus com grande temor, para que nada aconteça a mim nesse momento que seja intolerável demais quando eu voltar à minha vida "normal". Não desejo me entusiasmar com alguma resolução que eu possa depois lamentar, pois sei que poderei me sentir muito diferente depois do café da manhã; não quero que nada me aconteça quando estiver diante do altar que venha a se tornar uma cobrança muito grande depois. Seria muito desagradável, por exemplo, levar o dever da caridade (enquanto estiver no altar) tão a sério que, depois do café, eu tivesse de rasgar uma resposta muito severa que tinha escrito para uma pessoa petulante, de quem recebi uma carta ontem, e que eu pretendia postar hoje no correio. Seria muito cansativo me comprometer com um programa de temperança que fosse cortar o cigarro que fumo depois do café da manhã (ou, na melhor das hipóteses, fazer a crueldade de oferecer a alternativa de um cigarro mais ao fim da manhã). Até mesmo o arrependimento por ações do passado terá de ser pago. Ao se arrepender, a pessoa reconhece seus atos como pecados — portanto, não devem ser repetidos. É melhor deixar esse assunto sem decisão.

O princípio-chave de todas essas precauções continua a ser: guardar-se das coisas temporais. Vejo alguma evidência de que essa tentação não acontece só comigo. Um bom autor (cujo nome eu esqueci) pergunta em algum lugar: "Será que nunca levantamos, apressadamente, de nossa posição de oração (ajoelhados) com medo de que a vontade de Deus pudesse se tornar tão clara se orássemos por mais tempo?" A história a seguir foi contada como verdadeira. Uma mulher irlandesa, que acabara de sair da confissão, encontrou nos degraus da capela a mulher que era sua maior inimiga na aldeia. A outra mulher deixou sair de sua boca uma torrente de abuso verbal. "Não é isso uma vergonha para você," respondeu Biddy, "conversar comigo dessa maneira, sua covarde, e eu num estado de graça, de maneira que não posso responder agora? Mas você não perde por esperar. Não estarei num estado de graça por muito mais tempo." Há um excelente exemplo tragicômico no livro de Trollope, *Last Chronicle*. O arquidiácono estava irritado com seu filho mais velho e, tão logo pôde, fez uma série de acordos para prejudicá-lo.

"**Lança ao alto**, ao céu, o teu pedido; e serás
   atendido.
Pede à Estrela da Manhã e, sem demora, serás ouvido.
Só abre mão da tua mina,
Do teu tesouro terreno, perdido".
Sim, mas como dou o primeiro passo? —
   questiono-me aturdido —
Sei onde a escada começa, mas não onde termina.
   "Five sonnets" [Cinco sonetos] — *Poems* [Poemas]

Poderiam ter sido feitos, facilmente, poucos dias depois, mas Trollope explica o motivo pelo qual o arquidiácono não esperou. Para chegar ao dia seguinte, ele teria de passar pelas orações da noite e ele sabia que não seria capaz de levar adiante seus planos hostis de modo seguro por causa da oração: "Perdoa as nossas dívidas, assim como perdoamos aos nossos devedores". Assim, ele entrou primeiro; decidiu apresentar a Deus um *fait accompli* [fato consumado e irreversível]. Esse é um caso extremo das precauções das quais falo aqui; o indivíduo não se arrisca a alcançar o eterno até ter primeiro se assegurado das coisas temporais.

Esta é minha interminável e recorrente tentação; descer até aquele mar (acredito que foi João da Cruz que chamou Deus de mar) e ali não mergulhar, nadar, nem boiar, mas somente pisar e respingar a água, com cuidado para não sair da parte mais rasa, segurando-me na corda salva-vidas, que me conecta às minhas coisas temporais.

Isso é diferente das tentações que encontramos no início da vida cristã. Naquele tempo, lutávamos (ao menos eu lutava) contra admitir as reivindicações de tudo que é eterno e, depois que lutávamos, que apanhávamos e nos rendíamos, supúnhamos que tudo seria um mar tranquilo para navegar. Essa tentação vem mais tarde, endereçada àqueles que já admitiram a reivindicação pelo menos em princípio e estão até fazendo um esforço para cumpri-la. Nossa tentação é a de olhar intensamente para o mínimo que seria aceito. De fato, somos muito parecidos com os pagadores de impostos honestos, mas relutantes. Aprovamos nosso pagamento de imposto em princípio e o fazemos corretamente, mas receamos um aumento nos impostos. Somos muito cuidadosos para não pagar mais do que é necessário e esperamos — muito ardentemente — que depois de pagar o imposto, haverá o suficiente para continuar vivendo a vida.

Observe que essas cautelas que o tentador cochicha em nossos ouvidos são todas plausíveis. De fato, não creio que ele tente frequentemente nos enganar (depois do início da juventude) com uma mentira direta. A plausibilidade é esta. É realmente possível ser levado pela emoção religiosa — *entusiasmo*, como nossos antepassados diziam — em resoluções e atitudes, que não são pecaminosas, mas racionais, não quando somos mais mundanos, mas quando somos mais sábios, de forma que venhamos a nos arrepender mais tarde. Podemos nos tornar conscienciosos ou fanáticos; podemos, naquilo que parece ser zelo, mas é realmente presunção, assumir tarefas que nunca foram a nós destinadas. Essa é a verdade na tentação. A mentira consiste em supor que a nossa melhor proteção seria um cuidado prudente com o nosso bolso, nossas extravagâncias habituais e nossas ambições, mas isso é totalmente falso. Nossa real proteção deve ser buscada em outro lugar; na vida cristã comum, na teologia moral, no pensamento racional estável, no conselho de bons amigos e de bons livros e, se necessário, num líder espiritual capacitado. Aulas de natação são melhores do que uma corda salva-vidas até a praia.

Fica claro que essa corda salva-vidas é na realidade uma corda mortal. Não existe paralelo para pagar os impostos e viver do restante, pois não um tanto de nosso tempo e de nossa atenção que Deus exige; não é nem todo nosso tempo nem toda nossa atenção, mas a nós mesmos. Para cada um de nós, as palavras de João Batista são verdadeiras: "É necessário que ele cresça e que eu diminua". Ele será infinitamente misericordioso com nossos fracassos repetidos; eu não sei de nenhuma promessa de que ele aceitará uma acomodação deliberada. Em última análise, ele não tem nada a nos dar a não ser a si mesmo, o que ele só poderá fazer quando a nossa vontade autoafirmativa se retirar e deixar lugar para ele em nossas almas. Preparemos nossas mentes para isso; não haverá nada "de nós mesmos" que restará para viver, nem uma vida "normal". Não quero dizer que cada um de nós será necessariamente chamado para ser um mártir ou mesmo um ascético. Disso nada saberia dizer. Para alguns (ninguém sabe quem) a vida cristã incluirá muito tempo livre, muitas ocupações que naturalmente apreciamos, mas isso será recebido das mãos de Deus. Tendo um cristão perfeito em perspectiva, essas coisas farão parte de sua "religião", de seu "serviço" e de suas responsabilidades mais difíceis; suas festas serão tão cristãs quanto seus jejuns. O que não pode ser admitido — que deve existir somente como um inimigo não derrotado, mas resistido diariamente — é a ideia de existir alguma coisa que seja "nossa", alguma área em que nós devamos "abandonar a escola", em que Deus não tem o que reivindicar.

Ele reivindica tudo, porque ele é amor e deve abençoar. Ele não poderá nos abençoar a não ser que ele nos tenha. Quando tentamos demarcar dentro de nós uma área que é nossa, acabamos por manter uma área de morte. Portanto, em amor, ele exige tudo. Não existe negociação com ele.

É esse, como entendo, o sentido de todas aquelas máximas que mais me deixam alarmado. Thomas More disse: "Se você fizer um contrato com Deus, sobre o quanto você o servirá, verá que você mesmo assinou ambas as cópias do contrato". Law alertou, de modo frio e assustador: "Muitos serão rejeitados no último dia, não por não terem dado tempo e esforço pela sua salvação, mas por não terem dado tempo e esforço suficientes"; e mais adiante, em seu período behmenista, mais profundo: "Se você não escolheu o

Reino de Deus, no fim, não fará nenhuma diferença o que você escolheu em seu lugar". Essas são palavras duras de acolher. Será que realmente não fará nenhuma diferença se foram mulheres ou patriotismo, cocaína ou arte, uísque ou um lugar no gabinete de ministros, dinheiro ou ciência? Bem, certamente nenhuma diferença de importância. Perderemos o fim para o qual fomos formados e teremos rejeitado a única coisa que nos pode satisfazer. Fará alguma diferença, para um homem que está morrendo no deserto, qual fora a rota escolhida por causa da qual ele perdeu o acesso ao único poço?

COMO SABER SE O MEU "EU" AUTÊNTICO SE DIRIGE AO VERDADEIRO "TU" EM ORAÇÃO?

Cartas a Malcom

(Carta XV)

O momento de oração é, para mim — ou envolve "para mim" como condição —, a consciência, a consciência redespertada, de que esse "mundo real" e esse "eu real" estão muito longe de serem realidades mais profundas. Não posso, em carne e osso, sair de cena, seja para ir aos bastidores ou me sentar no fosso da orquestra; mas lembro que essas regiões existem. E também me lembro de que meu eu aparente — esse palhaço ou herói ou super — sob sua maquilagem é uma pessoa real com uma vida fora do palco.

A pessoa dramática não poderia caminhar pelo palco a menos que ela ocultasse uma pessoa real: a menos que o eu real e desconhecido exista, eu nem mesmo poderia cometer erros sobre o eu imaginado. E, em oração, esse eu real esforça-se para falar, ao menos uma vez, de seu ser real, e para dirigir-se a, ao menos uma vez, não aos outros atores, mas — como eu vou chamá-lo? O Autor, porque ele inventou a todos nós? O Produtor, porque ele controla tudo? Ou a Audiência, pois ela observa, e julgará, a atuação?

Aquele ante ao qual me curvo, ao Deus misterioso e insondável,
Só ele sabe a quem eu me curvo, quando murmuro o nome inefável.
E sonho com fantasias de Fídeas, esculpindo no coração
Símbolos que mudam a imagem, e não te retratam com exatidão.
Sendo assim, toda oração é blasfema, em termos literais
Pois remetem a imagens frágeis, a sonhos folclóricos e nada mais.
E todo homem, ao dirigir sua oração autoenganada
Cunha pensamentos inquietos e cria uma petição profanada.
Por isso, desvia-te, peço, das flechas que a ti lançamos
Como arqueiros sem mira, em alvos que hasteamos
Porque todo homem, idólatra, chorará por não ser atendido
A menos que em tua misericórdia escutes, e inclines o teu ouvido.
Então, Senhor, desconsidera a nossa literalidade
Traduz nosso pensamento, nossa metáfora, nossa ambiguidade.

"Footnote to all prayers" [Nota de rodapé de toda oração] — *Poems* [Poemas]

A tentativa não é escapar do espaço e do tempo e da minha situação de criatura como um sujeito que enfrenta objetos. É mais modesta: redespertar a consciência a respeito dessa situação. Se isso puder ser feito, não há necessidade de ir a qualquer outro lugar. Essa situação em si é, a todo momento, uma possível teofania. Aqui está o solo sagrado; a sarça está queimando agora.

Claro que essa tentativa pode ser acompanhada com quase todos os graus de sucesso ou fracasso. A oração que precede todas as orações é: "Que seja o verdadeiro eu quem fala. Que seja o verdadeiro tu a quem eu falo". Infinitamente vários são os níveis a partir dos quais oramos.

A intensidade emocional não é, em si mesma, prova de profundidade espiritual. Se orarmos com terror, oraremos sinceramente; isso só prova que o terror é uma emoção sincera. Somente o próprio Deus pode descer o balde nas profundezas de nós. E, por outro lado, Ele deve constantemente trabalhar como o iconoclasta. Cada ideia sobre ele que formamos, por misericórdia, ele deve despedaçar. O mais bendito resultado da oração seria alguém erguer-se pensando: "Mas eu nunca soube antes. Eu nunca sonhei...". Suponho que tenha sido em um momento assim que Tomás de Aquino falou a respeito de toda sua própria teologia: "Isso me lembra a palha".

Todas aquelas expressões de indignidade, que a prática cristã coloca nos lábios dos que creem, parecem para o mundo exterior como a maneira obsequiosa, degradada e não sincera de um adulador diante de um tirano; ou, na melhor das hipóteses, seria um *façon de parler* [modo de falar], como a autodepreciação de um cavalheiro chinês quando se denomina "essa pessoa rude e analfabeta". Na realidade, porém, elas expressam a continuamente necessária tentativa renovada de negar o conceito errado de nós mesmos e de nossa relação com Deus, que a natureza está sempre recomendando a nós, até quando oramos. Assim que cremos que Deus nos ama, haverá um impulso para crer que ele o faz não porque *é* Amor, mas porque somos intrinsecamente amáveis.

"Caridade" — *Os quatro amores*

COMO PODEMOS SER COMO DAVI E ORAR COM PRAZER?

Reflections on the Psalms
[Reflexões sobre Salmos]

(do capítulo 5, "The Fair Beauty of the Lord"
[A beleza do Senhor])

Para mim, a coisa mais valiosa do livro de Salmos é sua expressão do mesmo prazer em Deus que fez Davi dançar. Com isso, não quero dizer que esse prazer seja tão puro ou profundo quanto o amor demonstrado a Deus pelos maiores santos e místicos cristãos. Não, eu não o comparo a isso, e sim ao ato puramente mecânico e laborioso de "ir à igreja" e "recitar orações", no qual a maioria de nós — felizmente nem sempre, mas com razoável frequência — se autolimita. Em contrapartida, o prazer expresso em Salmos se destaca como algo muito forte, vigoroso e espontâneo, algo que podemos ansiar com uma inveja santa, antecipando seu contágio enquanto lemos.

Pela razão que acabei de expor, esse prazer é, em grande medida, centralizado no templo. Os poetas mais simples não distinguem entre o amor a Deus (em termos do que poderíamos chamar mais ousadamente de "sentido espiritual") e a alegria que sentiam nas festas do templo. Não devemos interpretar mal essa atitude. Judeus não eram, como os gregos, um povo analítico e de pensamento lógico; na verdade, com exceção dos gregos, nenhum povo antigo era. Para eles, seria impossível fazer uma separação que, hoje, fazemos com mais facilidade: distinguir entre os que realmente adoram a Deus na igreja daqueles que usufruem de um "belo culto" por razões musicais, tradicionais ou meramente sentimentais.

Deste modo, aproximamo-nos um pouco mais da mentalidade judaica antiga quando pensamos em um trabalhador rural piedoso, presente na igreja em um dia de Natal ou em um culto de ação de graças pela colheita. Refiro-me, claro, a um verdadeiro cristão, alguém que participa regularmente da vida comunal da igreja e que não a visita apenas na condição de pagão (no melhor sentido da palavra) — isto é, alguém cuja prática não é de piedade pagã, curvando-se respeitosamente diante do Desconhecido (e, dependendo da época, do Esquecido) nas grandes festas anuais.

O homem que imagino, então, é um cristão verdadeiro — a quem, a despeito de sua fé cristã genuína, eu cometeria injustiça se pedisse para que, nessas ocasiões, separasse algo de cunho exclusivamente religioso de todos os demais elementos em sua mente: seu prazer social em um ato corporativo; sua alegria com os hinos e com a multidão presente; sua memória de outros cultos semelhantes, desde a infância; sua merecida antecipação de descanso depois da colheita ou da ceia de Natal, após o culto. Na mente dele, tudo é uma coisa só.

O mesmo é ainda mais verdadeiro em relação a qualquer homem antigo, especialmente ao judeu. O antigo judeu era um camponês, muito apegado à terra. Nunca ouvira falar de música, festividade ou agricultura como elementos separados da religião, nem da religião como algo separado desses elementos. A vida era uma coisa só. Isso, claro, tornava-o vulnerável a perigos espirituais que pessoas mais sofisticadas sabem evitar, mas também lhe dava algumas vantagens que o homem mais sofisticado não tem.

Assim, quando salmistas falam de "ver" o Senhor ou de seu anseio por "vê-lo", a maioria se refere a algo que lhes sucedeu no templo. A forma fatal de colocá-lo seria alegar: "Eles só querem dizer que viram a festa". O melhor seria dizer: "Se nós estivéssemos lá, teríamos apenas visto a festa". Por isso, lemos em um dos salmos: "Já se vê a tua marcha triunfal, ó Deus [...] adentrando o santuário. À frente estão os cantores, depois os músicos; com eles vão as jovens tocando tamborins" (68:24, 25). É quase como se o poeta dissesse: "Vejam, lá vem ele". Se eu tivesse participado da festa, teria visto os músicos e as jovens tocando tamborins; além disso, como um elemento extra, teria ou não (conforme dizemos) "sentido" a presença de Deus. Já o adorador antigo não teria percebido qualquer dualismo nisso.

Semelhantemente, se um homem moderno desejasse "viver na casa do Senhor todos os dias [...] para contemplar a bondade do Senhor e buscar sua orientação no seu templo " (27:4), suponho que o seu desejo seria — não, claro, sem abrir mão dos sacramentos e de outros "auxílios" ao culto, mas como uma experiência distinta e independente deles — ter momentos frequentes de visão espiritual e do amor "perceptível" de Deus. Mas eu suspeito que o poeta desse salmo não fazia distinção entre "contemplar a bondade do Senhor" e os atos de adoração em si.

Quando a mente se torna mais capaz de abstração e análise, essa unidade antiga se rompe, de modo que não é mais possível distinguir com facilidade entre o rito e a visão de Deus; assim como existe o perigo de o rito transformar-se em um substituto e rivalizar com o próprio Deus. Uma vez que essa distinção é feita, o rompimento acontece; e ele pode assumir uma vida rebelde e cancerígena própria.

Há um estágio na vida de uma criança em que ela não consegue separar a religião do caráter meramente festivo do Natal ou da Páscoa. Certa vez, relataram-me de um menino muito devoto, a quem escutaram, em uma manhã de Páscoa, murmurando consigo um poema de sua autoria. O poema começava da seguinte maneira: "Ovos de chocolate e Jesus ressuscitado". Ao que tudo indica, para alguém da idade

Você não é Davi, e ninguém lhe pediu para lutar contra Golias. Você acabou de se alistar. Não saia por aí desafiando campeões do exército inimigo. Primeiro, desenvolva habilidade.

Collected letters [Cartas seletas], 15 de maio de 1952. Carta à sra. Sonia Graham, do Magdalen College.

dele, coisas assim podem ser consideradas poesia e piedade admiráveis.

Todavia, é claro que, em breve, chegará o tempo em que essa criança não viverá mais essa unidade de modo tão simples e espontâneo. Ela será capaz de distinguir o espiritual do aspecto ritual e festivo da Páscoa; ovos de chocolate não terão mais caráter sacramental. E uma vez realizada essa distinção, terá de priorizar uma coisa ou outra. Se colocar o espiritual em primeiro lugar, poderá, ainda assim, provar de algo da Páscoa nos ovos de chocolate; se der prioridade aos ovos, não demorará para que eles não passem de nada além de mais um doce, já que perderão sua força por assumirem uma vida independente.

Em termos gerais, algo semelhante aconteceu, durante algum tempo, no judaísmo e na experiência de alguns judeus. A unidade se rompeu; ritos sacrificiais se tornaram distintos de um encontro com Deus.

Infelizmente, isso não quer dizer que os rituais tenham se tornado menos importantes. Talvez tenham se tornado, com diversas variáveis malignas, ainda mais importantes do que antes. Seu valor pode ter sido transferido a um tipo de transação comercial com um Deus insaciável, um ser que, de alguma forma, deseja ou precisa de grandes quantidades de carcaças e cujos favores não podem ser assegurados em outros termos. Pior ainda: pode ser que esses ritos passaram a ser considerados como a única coisa que ele quer, de modo que seu desempenho acurado o satisfaria sem qualquer necessidade de obediência às exigências por misericórdia, "juízo" e verdade. Para os sacerdotes, o sistema todo teria importância apenas por constituir tanto sua arte quanto seu meio de subsistência: todo o seu formalismo, todo o seu orgulho, toda a sua posição econômica dependiam desse sistema. Nele, sua arte era aprimorada cada vez mais.

É claro que o corretivo para essa visão de sacrifício pode ser encontrado no próprio judaísmo; profetas faziam críticas frequentes e severas a esse formalismo ritualístico. E mesmo o saltério, formado em grande medida como uma coletânea do templo, contém críticas ao ritualismo morto. Salmos 50 nos serve de exemplo, no qual Deus diz ao seu povo que toda a adoração no templo, considerada em si mesma, não corresponde com o objetivo principal, ridicularizando particularmente a noção pagã de que ele precisa ser alimentado com carne assada: "Se eu tivesse fome, precisaria dizer a você? Pois o mundo é meu, e tudo o que nele existe" (50:12). Às vezes, imagino Deus dizendo algo semelhante a alguns ministros modernos: "Se eu quisesse música — se eu conduzisse uma pesquisa dos detalhes mais encobertos da história do ritualismo ocidental — você realmente acha que *você* me serviria de referência?".

Deus todo-poderoso e Pai das luzes, que prometeste pelo teu querido Filho que todo aquele que faz tua vontade conhecerá tua doutrina: dá-me graça para viver de modo que, pela obediência diária, eu cresça em fé e no entendimento de tua Santa Palavra, por meio de Jesus Cristo, nosso Senhor.

Collected Letters [Cartas seletas], 18 de março de 1952.

Essa possível degradação do sacrifício e sua repreensão são, entretanto, tão bem conhecidas que, neste ponto, não há necessidade de enfatizá-las. Desejo destacar aquilo que penso que nós, ou pelo menos eu, precisamos mais: a alegria e o prazer em Deus que encontramos no livro de Salmos, a despeito de tais emoções terem uma relação superficial ou íntima, de uma forma ou de outra, com o templo. Esse é o coração do judaísmo.

Poetas viam bem menos razões do que nós para amar a Deus. Não sabiam que Deus lhes oferecia regozijo eterno; ainda menos que morreria por eles. Todavia, salmistas expressam um anseio por ele, por sua simples presença, que ocorre apenas aos melhores cristãos ou a cristãos em seus melhores momentos. Os poetas anseiam viver todos os dias no templo a fim de verem constantemente "a beleza do SENHOR" (27:4, ARA). Seu anseio por Jerusalém e por apresentar-se "perante Deus" é como uma sede física (42). De Jerusalém, sua presença irradia "em perfeita beleza" (50:2). Sem esse encontro com Deus, a alma dos salmistas se seca, como um deserto sem água (63:1). Os poetas bíblicos anseiam ficar "satisfeitos com a bondade" da casa de Deus (65:4, ARA). Apenas lá poderão tranquilizar-se, como um pássaro no ninho (84:3). Um dia desses "prazeres" é melhor do que uma vida inteira gasta em outro lugar (84:10).

Prefiro chamar esse anseio — embora a expressão soe rude para alguns — de "apetite por Deus" em vez de "amor por Deus". "Amor por Deus" sugere facilmente a palavra "espiritual", com todo o sentido negativo ou restritivo que o termo infelizmente adquiriu. Para os antigos poetas bíblicos, eles não eram mais dignos ou piedosos por terem tais sentimentos; tampouco, por outro lado, consideravam-se privilegiados pela graça que receberam de escrevê-los. Os salmistas são, ao mesmo tempo, menos arrogantes a esse respeito do que o pior dentre nós, e menos humildes — ou talvez menos surpresos — do que o melhor dentre nós. Seu apetite tem toda a espontaneidade alegre de um anseio natural, até mesmo físico; é uma apetência exultante e despreocupada.

Salmistas se alegram e regozijam (9:2). Seus dedos não veem a hora de tocar a harpa (43:4) — a lira e a harpa: "Acordem, harpa e lira!" (57:8). Entoemos cânticos, tragam o tamborim, tragam "a lira e a harpa melodiosa"; cantemos com alegria, façamos um barulho animado (81:1, 2). Isso mesmo: façamos barulho! Somente a música não é o bastante. Que todos, mesmo os gentios ignorantes, batam palmas (47:1). Toquemos címbalos, não apenas afinados, mas *alto*; dancemos também (105:5). Que mesmo as ilhas remotas (todas as ilhas eram remotas, já que os judeus não eram navegadores) compartilhem da exultação (97:1).

Não quero dizer que essa euforia — se você preferir, essa barulheira — possa ou deva ser restaurada. Parte dela não pode ser restaurada, já que não está morta e ainda permanece conosco. Seria inútil fingir que nós, anglicanos, servimos de exemplo. Católicos, ortodoxos e o Exército da Salvação assimilaram, penso eu, mais essa atitude do que nós. Temos uma preocupação terrível com o bom gosto; no entanto, até mesmo nós somos capazes de exultar.

A segunda razão é muito mais profunda. Todo cristão sabe algo a respeito do qual o judeu não sabia: o preço pela "redenção da alma deles" [49:8, ARA]. Nossa vida cristã começa com o nosso batismo em uma morte; as festas mais alegres que celebramos têm seu início e sua centralidade no corpo quebrado e no sangue derramado.

Existe, então, uma profundidade trágica em nossa adoração, ausente no judaísmo. Nossa alegria tem de ser do tipo que possa coexistir com essa profundidade, uma vez que, para nós, há um contraponto espiritual no trecho em que, para o judeu, havia uma simples melodia.

Entretanto, isso não anula, de modo algum, a dívida alegre que eu, antes de tudo, sinto que tenho para com os salmos mais exultantes. Neles — apesar da presença de elementos que achamos difíceis de considerar religiosos, ou da ausência de elementos que alguns consideram essenciais para a religião — encontro uma experiência totalmente centralizada em Deus: o rogar por sua presença como o bem mais urgente, o dom de si mesmo, jubiloso nos termos mais absolutos e inconfundivelmente real. O que vejo, por assim dizer, na face dos antigos poetas me fala mais sobre o Deus a quem eles e nós adoramos.

COMO PODEMOS ENTENDER O ENSINO DO NOVO TESTAMENTO SOBRE ORAÇÃO?

Cartas a Malcom

(Carta XI)

O Novo Testamento contém promessas constrangedoras de que receberemos o que pedirmos em oração com fé. Marcos 11:24 é a mais surpreendente. Tudo pelo que pedimos, crendo que vamos receber, vamos receber. Não há motivo, parece, para confinar isso a dons espirituais; *tudo* pelo que pedimos. Não se trata de uma fé meramente geral em Deus, mas de uma crença de que você terá a coisa específica pela qual pede. Não se trata de conseguir isso ou algo que seja realmente muito melhor para você; você terá exatamente o que pediu. E, para acrescentar paradoxo a paradoxo, o grego nem mesmo diz "crendo que você *irá* receber". Ele usa o aoristo, ἐλάβετε, que se pode traduzir por "crendo que *já o recebeu*". Mas essa última dificuldade eu vou ignorar. Não suponho que o aramaico tenha algo que nós — educados na gramática latina — reconheçamos, de algum modo, como tempos verbais.

Como é que essa promessa surpreendente se concilia (a) com os fatos observados e (b) com a oração no Getsêmani, e (como resultado dessa oração) com a visão universalmente aceita de que devemos pedir tudo com uma ressalva ("se for da tua vontade")?

No que diz respeito à alínea (a), não é possível fugir. Toda guerra, toda fome ou peste, quase todo leito de morte, é o monumento a uma petição que não foi atendida. Nesse exato momento, milhares de pessoas nesta ilha estão enfrentando, como um *fait accompli*, a mesma coisa contra a qual têm orado dia e noite, derramando toda a sua alma em oração, e, como acreditavam, com fé. Elas buscaram e não encontraram. Elas bateram e não lhes foi aberto. "O que eu temia veio sobre mim".

Mas (b), embora mencionado com muito menos frequência, é certamente também uma dificuldade. Como é possível, ao mesmo tempo, ter uma fé perfeita — uma fé despreocupada ou sem hesitação, como diz o apóstolo Tiago (1:6) — de que você obterá o que pede e, ainda assim, preparar-se antecipadamente, de modo submisso, para uma possível recusa? Se você prevê ser possível uma recusa, como pode ter, simultaneamente, uma perfeita confiança de que aquilo pelo que pede não será recusado? Se você tem essa confiança, como pode considerar a possibilidade de recusa?

É fácil ver por que muito mais é escrito sobre adoração e contemplação do que sobre orações petitórias "grosseiras" ou "ingênuas". As primeiras podem ser — penso que são — formas mais nobres de oração. Mas são também um assunto muito mais fácil sobre o qual escrever.

No que diz respeito à primeira dificuldade, não estou perguntando por que nossas petições são com tanta frequência recusadas. Qualquer um pode ver, de modo geral, que isso deve ser assim. Em nossa ignorância, pedimos o que não é bom para nós ou para os outros, ou mesmo o que não é intrinsecamente possível. Ou, ainda, atender à oração de um homem envolve recusar a de outro. Há muito aqui que é difícil para nossa vontade aceitar, mas nada que seja difícil para nosso intelecto compreender. O problema real é diferente: não é a razão pela qual a recusa é tão frequente, mas qual a razão para que o resultado oposto seja tão prodigamente prometido.

Devemos, então, prosseguir com os princípios de Vidler e rejeitar as promessas constrangedoras como "arcaísmos veneráveis" que precisam ser "superados"? Certamente, mesmo que não houvesse outra objeção, esse método é muito fácil.

Se formos livres para apagar todos os dados inconvenientes, certamente não teremos dificuldades teológicas; mas, pela mesma razão, não teríamos soluções nem progresso. Os próprios escritores de histórias de detetive, para não mencionar os cientistas, sabem muito bem disso. O fato problemático, o aparente

Ore por mim, meu pai, para que eu não persista, por excesso de ousadia, naquilo que não me é permitido; nem que eu me retire, por timidez excessiva, do devido esforço: pois quem toca a Arca sem autorização e quem, tendo posto a mão no arado, olha para trás — tanto um quanto o outro estão perdidos.

Collected Letters [Cartas seletas], 5 de janeiro 1953.

absurdo que não pode ser encaixado em qualquer síntese que tenhamos feito, é precisamente aquele que não podemos ignorar. Aposto dez para um que é nesse esconderijo que a raposa está escondida. Sempre há esperança se mantivermos um problema não resolvido em mente; não há nenhuma se fingirmos que ele não existe.

Antes de prosseguir, quero mencionar dois pontos puramente práticos:

1. Essas generosas promessas são o pior lugar possível pelo qual começar a instrução cristã ao lidar com uma criança ou um pagão. Você se lembra do que aconteceu quando a Viúva provocou Huck Finn com a ideia de que ele poderia conseguir o que quisesse se orasse por isso. Ele fez a experiência e depois, naturalmente, nunca deu ao cristianismo uma segunda chance. É melhor não chamarmos o entendimento sobre oração manifestado em Marcos 11:24 como "ingênuo" ou "elementar". Se essa passagem contém uma verdade, é, com certeza, uma verdade para os discípulos muito avançados. Acho que ela não "se aplica a nossa condição" (sua e minha). É uma pedra de arremate, não de fundação. Para a maioria de nós, a oração no Getsêmani é o único modelo. A de mover montanhas pode esperar.

2. Não devemos encorajar em nós mesmos ou nos outros qualquer tendência a desenvolver um estado subjetivo que, se tivermos sucesso, poderemos

descrever como "fé", com a ideia de que isso, de alguma forma, garantirá a resposta a nossa oração. Nós provavelmente já fizemos isso quando éramos crianças. Mas o estado de espírito que o desejo desesperado, agindo com uma imaginação forte, pode fabricar não é fé no sentido cristão. É uma façanha da ginástica psicológica.

Parece-me que devemos concluir que essas promessas com respeito à oração com fé se referem a um grau ou tipo de fé que a maioria dos cristãos nunca experimenta. Um grau muito inferior é, espero, aceitável a Deus. Mesmo o tipo de oração que diz "Ajuda a vencer a minha incredulidade!" pode abrir caminho para um milagre. Novamente, a ausência dessa fé que garante à oração ser ouvida não é necessariamente um pecado; pois Nosso Senhor não tinha tal garantia quando orou no Getsêmani.

Como ou por que essa fé ocorre às vezes, mas nem sempre, mesmo no peticionário perfeito? Nós, ou eu, só podemos supor. Minha própria ideia é que isso ocorre somente quando aquele que ora o faz como cooperador de Deus, pedindo o que é necessário para o trabalho conjunto. É a oração do profeta, do apóstolo, do missionário, do que cura, que é feita com essa confiança e tem a confiança justificada pela resposta. A diferença, foi-nos dito, entre um servo e um amigo é que um servo não conhece os segredos de seu mestre. Para ele, "ordens são ordens". Ele tem apenas as próprias suspeitas sobre os planos que ajuda a executar. Mas o cooperador, o companheiro ou (ousamos dizer?) o cooperador de Deus está tão unido a ele em certos momentos que algo da presciência divina entra-lhe na mente. Então, a fé dele é a "prova" — isto é, a evidência, a obviedade — "das coisas que não vemos".

Como o amigo está acima do servo, o servo está acima do que pede, do homem que ora a favor de si mesmo. Não é pecado ser alguém que pede. Nosso Senhor desceu à humilhação de ser alguém que pede, de orar a favor de si mesmo, no Getsêmani. Mas, quando ele fez isso, a certeza sobre a vontade de seu Pai foi aparentemente afastada.

Além do mais, não seria uma fé verdadeira — seria indolente presunção — para nós, que somos habitualmente os que pedem e nem sempre chegamos ao nível de servos, imaginar que teremos qualquer garantia que não seja ilusória — ou só acidentalmente correta — sobre a resposta a nossas orações. Nossa luta é (não é?) por alcançar e reter a fé em um nível inferior. Crer que, quer ele as atenda ou não, Deus escutará nossas orações, que as levará em consideração. Mesmo para continuar crendo que há um que ouve. Pois, à medida que a situação se torna mais e mais desesperadora, os terríveis temores nos invadem. Estamos falando apenas para nós mesmos em um universo vazio? O silêncio é frequentemente tão enfático. E já oramos tanto.

COMO ORAR ENQUANTO ESTAMOS DE LUTO?

A Grief Observed
[A anatomia de uma dor]

(do capítulo 4)

Preciso de Cristo, não de algo que se assemelha a ele. Quero H., não algo que se parece com ela. Uma ótima fotografia pode revelar-se, ao final, uma armadilha, um horror, um obstáculo.

Imagens, suponho, têm sua utilidade; do contrário, não seriam populares. (Pouco importa se são figuras, estátuas fora da mente ou construções imaginativas no pensamento). Para mim, entretanto, seu perigo é mais óbvio. Imagens do Sagrado facilmente se transformam em imagens sagradas — sacrossantas. Minha ideia a respeito de Deus não é uma ideia divina e, por isso, deve ser destruída após certo tempo. Ele próprio a destrói. Deus mesmo é o grande iconoclasta. Não poderíamos até dizer que essa destruição é uma das marcas de sua presença? A encarnação é o exemplo supremo; reduz a ruínas todas as ideias anteriores sobre o Messias. Enquanto a maior parte das pessoas sente-se "ofendida" pela iconoclastia, são bem-aventuradas aquelas que não se ofendem. Mas a mesma coisa acontece nas orações particulares que oferecemos.

Toda realidade é iconoclasta. Aquela que amamos nesta terra — aquela pessoa que amamos nesta vida — triunfa incessantemente sobre a simples ideia que formulamos dela. E nós queremos que seja assim: desejamo-la com todas as resistências, falhas e imprevisibilidades — ou seja, em sua realidade franca e independente. E é isso, não qualquer imagem ou memória sua, que continuaremos a amar depois de sua morte.

Mas "isso" não é, agora, imaginável. Nesse aspecto, H. e todos os mortos são como Deus; amá-la tornou-se, em certa medida, como amar Deus. Em ambos os casos, devo estender os braços e as mãos de amor — sem o olhar, que não pode ser usado aqui — e atravessar completamente toda a fantasmagoria mutável dos pensamentos, das paixões e das fantasias que tenho. Não posso contentar-me com a fantasmagoria em si, reverenciando-a em lugar de Deus, amando-a em lugar de H.

Não minha ideia de Deus, mas o próprio Deus. Não minha ideia de H., mas a própria H. sim, e não a ideia que tenho do meu próximo, mas o meu próximo. Não temos a tendência de cometer esse erro com relação às pessoas que ainda estão vivas, que estão conosco no mesmo ambiente? Falamos e nos relacionamos não com o homem em si, mas com a figura — com o *précis* — que fizemos dele em nossa mente. E só

Suponho que o próximo passo natural, após o autoexame, o arrependimento e a restituição, seja a participação da Ceia; e então prosseguir tão bem quanto puder, orando tão bem quanto puder [...] e cumprindo obrigações diárias tão bem quanto puder.

Collected Letters [Cartas seletas], 4 de janeiro de 1941.

nos conscientizamos desse fato quando tal homem se afasta, e muito, dessa imagem superficial que construímos. Na vida real — eis um aspecto em que a vida se difere de narrativas ficcionais — as palavras e ações desse homem, se observadas de perto, quase nunca se encaixam com nossa "projeção" dele, isto é, com o personagem que construímos ao empregarmos sua imagem. Sempre há uma carta em sua manga, da qual nada sabemos a respeito.

A razão pela qual admito fazer isso com outros reside no fato de outras pessoas tão claramente fazerem a mesma coisa comigo. Todos pensamos que conhecemos uns aos outros por completo.

E, mais uma vez, pode ser que eu esteja, até agora, construindo um castelo de cartas. Se for esse o caso, Deus irá, uma vez mais, derrubá-lo ao chão. Ele o destruirá tantas vezes quantas forem necessárias. A menos que, ao final, eu seja tido por incorrigível, e tudo que me resta seja construir palácios de papel no inferno, para sempre — "liberto entre os mortos".

Estaria eu, por exemplo, voltando-me para Deus por saber que, se há alguma estrada de volta para H., tal estrada passa por ele? Obviamente, sei muito bem que Deus não pode ser usado como estrada. Se nos aproximarmos dele não como objetivo final, mas como um trajeto; não como fim, mas como meio — então não nos aproximaremos, de fato, dele. Eis o que está errado com todas as imagens populares de reuniões felizes "na outra margem": não o fato de serem imagens simplórias e terrenas, e sim por fazerem do fim aquilo que só podemos alcançar como um subproduto do verdadeiro fim.

Senhor, essas condições foram realmente estabelecidas por ti? Só posso encontrar-me com H. outra vez quando aprender a amar-te tanto que encontrá-la não me é mais importante? Considera, Senhor, como isso nos soa. O que alguém pensaria de mim se eu dissesse aos meninos: "Nada de caramelo agora. Quando vocês crescerem e realmente não desejarem mais caramelo, então poderão comer quantas balas de caramelo quiserem".

Se eu soubesse que ser eternamente dividido de H. e eternamente esquecido por ela fossem lhe acrescentar maior alegria e esplendor, é claro que diria: "Sim, eu topo!". Da mesma maneira, se, na terra, eu pudesse tê-la curado do câncer se tão somente deixasse de vê-la, teria dado um jeito de nunca mais olhar para H. outra vez. Não conseguiria agir de outro modo; qualquer pessoa decente faria o mesmo. Mas o caso é bem diferente. Não me encontro nessa situação.

Quando exponho perante Deus questões assim, não tenho resposta; ao invés disso, recebo um tipo especial de "sem resposta". Não se trata de uma porta fechada. Antes, corresponde mais com um fitar silencioso e compassivo da parte de Deus. É como se ele não meneasse a cabeça em recusa, mas deixasse a pergunta de lado. É como se me dissesse: "Calma, filho, fique em paz. Você não entende".

PODEMOS ORAR PARA EVITAR O SOFRIMENTO, MESMO QUANDO ELE É BOM PARA A NOSSA ALMA?

The Problem of Pain
[O problema do sofrimento]

(do capítulo 7, "Human Pain, Continued"
[Sofrimento humano, continuação])

Existe um paradoxo com respeito à tribulação no cristianismo. "Bem-aventurados os pobres", mas, por meio do "juízo" (i.e., da justiça social) e do auxílio financeiro ao necessitado, devemos remover a pobreza, sempre que possível. "Bem-aventurados os perseguidos", mas podemos evitar a perseguição ao fugir de cidade em cidade e orar para sermos poupados da dor, como o Nosso Senhor orou no Getsêmani. Se, porém, o sofrimento é bom, não deveríamos buscá-lo ao invés de evitá-lo?

Respondo que o sofrimento não é bom em si mesmo. A característica "boa" de qualquer experiência dolorosa jaz, para o sofredor, em sua submissão à vontade de Deus e, para o espectador, na compaixão aguçada e nos atos de misericórdia que ela desperta. Em um universo caído e parcialmente redimido, podemos distinguir (1) a bondade simples que vem da parte de Deus; (2) a maldade simples produzida por criaturas rebeldes; (3) a forma como Deus explora essa maldade para o seu propósito redentor e (4) produz o bem complexo a que o sofrimento aceito e o pecado arrependido contribuem.

Ora, o fato de que Deus pode gerar o bem complexo a partir da maldade simples não desculpa — embora, por misericórdia, possa salvar — aqueles que praticam o mal simples. E essa distinção é central. "É inevitável que venham escândalos, mas ai do homem pelo qual eles vêm!" [cf. Lucas 17:1, ARA]; pecados *fazem* a graça superabundar, mas não podemos fazer desse fato um pretexto para continuar pecando. A crucificação em si é o melhor, e ao mesmo tempo o pior, de todos os acontecimentos históricos, mas o papel de Judas continua simplesmente maligno.

Podemos aplicar essa ideia primeiramente ao problema do sofrimento de outras pessoas. Um homem misericordioso tem como objetivo o bem do seu próximo e, assim, faz a "vontade de Deus", cooperando conscientemente com o "bem simples". Um homem cruel oprime o seu próximo, praticando, então, o "mal simples". Ao praticar esse mal, porém, tal homem é usado por Deus, sem o seu conhecimento ou consentimento, para produzir o bem complexo — de modo que o primeiro homem serve a Deus como um filho, e o segundo, como uma ferramenta. Afinal, você certamente levará a cabo os propósitos de Deus, a despeito de como age, ainda que faça toda a diferença se você o serve como Judas ou como João.

O sistema como um todo é, por assim dizer, calculado para o conflito entre homens bons e maus, e

Quanto a Deus desejar o sofrimento, penso que o [seu ministro] esteja confuso. Devemos distinguir em Deus, e mesmo em nós mesmos, vontade absoluta de vontade relativa. Ninguém, em termos absolutos, deseja arrancar um dente; mas muitos optarão por arrancar um dente *ao invés de* continuar com a dor de dente. Da mesma forma, é certo que Deus nunca deseja absolutamente o mínimo de sofrimento para qualquer criatura, mas pode desejá-lo *em lugar de* alguma outra alternativa. Por exemplo: Deus optou pela crucificação em vez de deixar o homem sem redenção. (Portanto, é por isso que, em termos relativos, sua vontade foi que o cálice não passasse do seu Filho).

Collected Letters [Cartas seletas], 28 de novembro de 1953.
Carta para Mary van Deusen.

os bons frutos de coragem, paciência, misericórdia e perdão — para os quais Deus permite ao homem cruel continuar com sua crueldade — pressupõem que o homem bom continua normalmente a buscar o bem simples. Digo "normalmente" porque, às vezes, um homem tem o direito de ferir (ou até mesmo, em minha opinião, matar) outro ser humano, mas apenas em situações nas quais a necessidade é urgente e o bem a ser obtido é óbvio — e geralmente, embora nem sempre, quando aquele que inflige a dor têm autoridade definida para fazê-lo, como a autoridade natural de um pai, a autoridade da sociedade civil dada a um magistrado ou a um soldado, ou a autoridade dada um cirurgião pelo paciente.

Transformar isso em um estatuto universal para a humanidade aflita "porque a aflição é boa para o ser humano" (como o personagem lunático de Marlowe, Tamberlaine, vangloria-se de ser o "flagelo de Deus") não chega, de fato, a arruinar o plano divino, mas passa a ser uma forma de se voluntariar nesse plano para o posto de Satanás. Se você realizar o trabalho do maligno, deverá se preparar para receber seu salário.

O problema relacionado a evitar nossa própria dor admite uma solução semelhante. Alguns ascéticos empregaram para si a autoflagelação. Como leigo, não ofereço opinião sobre a prudência de tal regime; insisto, porém, que, a despeito de qualquer mérito, a autoflagelação corresponde com algo bem diferente da tribulação enviada por Deus.

Todo mundo sabe que o jejum se difere da experiência de perder o jantar por acidente ou em decorrência da pobreza. O jejum impõe a vontade contra o apetite — sendo sua recompensa o autocontrole e seu perigo, o orgulho. Já a fome involuntária sujeita o apetite e o desejo à vontade divina, fornecendo-nos uma ocasião para a submissão, mas expondo-nos ao perigo da rebelião. No entanto, o efeito redentor do sofrimento jaz principalmente na tendência de reduzir a vontade rebelde. Práticas ascéticas, que em si mesmas fortalecem a vontade, são úteis apenas na proporção em que permitem à vontade colocar sua própria casa (as paixões) em ordem, como preparo para o homem como um todo a Deus. Elas são necessárias como um meio; como um fim, seriam abomináveis, pois, substituindo a vontade pelo apetite e parando por aí, apenas substituiriam o "eu animal" pelo "eu diabólico".

Por isso, foi dito com verdade que "apenas Deus pode mortificar". A tribulação exerce sua função em um mundo onde o ser humano comumente procura, por meios naturais e legítimos, evitar seu próprio mal natural e obter seu bem natural, pressupondo também tal mundo.

A fim de nos submetermos à vontade de Deus, precisamos ter uma vontade, e essa vontade, por sua

O consolador é que, enquanto a cristandade está dividida sobre a racionalidade, e mesmo a legalidade, de orar aos santos, todos concordamos em orar com eles. "Portanto, com os Anjos e Arcanjos, e com toda a milícia celestial [...]."

"Carta III" — *Cartas a Malcom*

vez, precisa de objetos. Renúncia cristã não significa "apatia" estoica, mas uma prontidão em preferir Deus em comparação com objetivos inferiores, embora eles sejam, em si mesmos, legítimos. Eis o porquê de o Homem Perfeito ter levado consigo uma vontade para o Getsêmani, uma vontade forte, de escapar do sofrimento e da morte — caso tal escapatória fosse compatível com a vontade de Deus — combinada, do contrário, como uma prontidão perfeita para obedecer.

Alguns dos santos recomendam "renúncia total" já no início de nossa jornada no discipulado; penso, porém, que isso só pode significar uma prontidão total para cada renúncia que venha a ser exigida. Não é possível, afinal, viver momento após momento sem qualquer desejo além da submissão a Deus como tal. Do contrário, a submissão consistiria *em quê*? Seria autocontraditório dizer: "Meu desejo é sujeitar meu desejo à vontade de Deus", uma vez que o segundo *desejo* não tem conteúdo. Sem dúvida, todos gastamos tempo demais evitando nossa própria dor: mas uma intenção devidamente subordinada de evitá-la, usando meios legítimos, está de acordo com a "natureza" — isto é, com todo o sistema funcional da vida da criatura, em favor da qual todo a obra redentora da tribulação é calculada.

Seria falso, então, dizer que a visão cristã do sofrimento é incompatível com a ênfase mais forte em nosso dever de deixar o mundo, mesmo no sentido temporal, "melhor" do que o encontramos. Na figura parabólica mais ampla que deu do Juízo, Nosso Senhor parece reduzir toda virtude a uma beneficência ativa [cf. Mateus 25:31-46]. Além disso, embora seja enganoso aceitar esse quadro em isolamento do Evangelho como um todo, ele é o suficiente para colocar em perspectiva, além de qualquer dúvida, os princípios básicos da ética social do cristianismo.

COMO PERMANECEMOS CONFIANTES QUANDO DEUS REPETIDAMENTE DIZ "NÃO" AO NOSSO PEDIDO POR AUXÍLIO?

Cartas a Malcom

(Carta VIII)

Ainda pode ser que tudo fique bem. Isso é verdade. Enquanto isso, você tem a espera — a espera até que as chapas de raios X sejam reveladas e até que o especialista tenha completado suas observações. E, enquanto espera, você ainda tem de continuar vivendo — se ao menos pudéssemos ficar às escondidas, lá, hibernando, dormindo. E, então (para mim — eu acredito que você é mais forte), os horríveis subprodutos da ansiedade; o incessante e circular movimento dos pensamentos, até mesmo a tentação pagã de vigiar os presságios irracionais. E alguém ora; mas principalmente essas orações são, elas próprias, uma forma de angústia.

Algumas pessoas se sentem culpadas por suas ansiedades e as consideram um defeito da fé. Não concordo com isso de jeito nenhum. Elas são aflições, não pecados. Como todas as aflições, elas são, se assim podemos considerá-las, nossa participação na Paixão de Cristo. Pois o começo da Paixão — o primeiro movimento, por assim dizer — é no Getsêmani. No Getsêmani, algo muito estranho e significativo parece ter acontecido.

Está claro, a partir de muitos de seus ditos, que Nosso Senhor há muito tempo previra sua morte. Ele sabia que condutas como a dele, em um mundo como o tornamos, inevitavelmente levariam a isso. Mas está claro que esse conhecimento deve, de alguma forma, ter sido retirado dele antes que ele orasse no Getsêmani. Ele não poderia, tendo qualquer reserva quanto à vontade do Pai, ter orado para que o cálice passasse e, ao mesmo tempo, saber que isso não aconteceria. Isso é uma impossibilidade lógica e psicológica. Você vê o que isso envolve? A fim de que não faltasse nenhum incidente de provação para a humanidade, os tormentos da esperança — de suspense, ansiedade — foram, no último momento, despejados sobre ele: a suposta possibilidade de que, ao final, ele pudesse, ele apenas concebivelmente pudesse, ser poupado do horror supremo. Havia precedentes. Isaque tinha sido poupado: ele também no último momento, ele também contra todas as probabilidades aparentes. Não era totalmente impossível... e, sem dúvida, Ele tinha visto outros homens crucificados... uma visão muito diferente da maioria de nossas imagens e retratos religiosos.

Mas, para essa última (e errônea) esperança contra a esperança, e o consequente tumulto da alma, o suor de sangue, talvez ele não fosse o homem em sua totalidade. Viver em um mundo totalmente previsível não é ser homem.

Por fim, eu sei, é dito que apareceu um anjo que o "confortava". Mas nem *confortava* no inglês do século 16 nem a palavra grega ἐννισχύων significam "consolar". "Fortalecia" é a melhor palavra. Não pode o fortalecimento ter consistido na certeza renovada — o que seria um conforto frio — de que a coisa deveria ser suportada e, portanto, poderia ser?

Todos tentamos aceitar com alguma submissão nossas aflições quando elas chegam de fato a nós. Mas a oração no Getsêmani mostra que a ansiedade que a precede é, em igual medida, a vontade de Deus e parte de nosso destino humano. O homem perfeito experimentou isso. E o servo não é maior que o mestre. Somos cristãos, não estoicos.

Os movimentos da Paixão não comunicam, todos eles, de modo abrangente, algum elemento comum nos sofrimentos de nossa raça? Primeiro, a oração de angústia — não aceita. Então, ele se volta para Seus amigos. Eles estão adormecidos — como os nossos, ou nós, estão tão frequentemente, ou ocupados, ou ausentes ou preocupados. Então, ele enfrenta a Igreja; a própria Igreja que ele trouxe à existência. Ela o condena. Isso também é característico. Em cada Igreja, em cada instituição, há algo que, mais cedo ou mais tarde, atua contra o próprio propósito para o qual surgiu. Mas parece haver outra chance. Existe o Estado; neste caso, o Estado romano. Suas pretensões são muito

Levanta-te, *fraco e pequeno corpo, após*
   teu esforço.
Basta! Recebemos perdão, pois Deus é misericordioso.
Levanta-te, corpo frágil e pálido, e vá para o leito
embranquecido como o lençol e a neve. Por hoje,
   findou-se o pleito.
Retira tua veste gélida; com trajes da noite, apaga a luz.
Repousa sozinho no escuro e, no teu silêncio, descansa
   na Cruz.
Um pasto depois da chuva, campina açoitada por
   uma tormenta,
maltratado repousa meu corpo, meu vaso de barro,
   minha vestimenta
desbotada e descolorida — de tanto esfregar perdeu
   a tinta.
Ora suja ora lavada; esfarrapada, quase sem vida.
Não te aqueças muito rápido; deita-te frio e
   então consente
com o pesar do teu cansaço, do teu vigor acabado, da
   tua força carente.
Respira forte a noite fria, fecha os olhos, relaxa
   as mãos.
Em breve o tumulto chega, buscando teu sangue,
   tua respiração.

   "After prayers, lie cold" [Após a oração, repousa no
                  frio] — *Poems* [Poemas]

inferiores às da igreja judaica, mas, precisamente por essa razão, ele pode estar livre de fanatismos locais.

O Estado alega ser justo, em um nível rude e mundano. Sim, mas apenas na medida em que seja consistente com a conveniência política e *raison d'état*. O homem se torna uma ficha em um jogo complicado. Mas, mesmo nesse momento, nem tudo está perdido. É possível ainda um apelo ao povo — os pobres e simples a quem ele abençoou, a quem ele curou e alimentou e ensinou, a quem ele pertence. Mas eles se tornaram uma multidão assassina noturna (não é nada incomum) gritando por seu sangue. Não há, então, nada além de Deus. E, com respeito a Deus, as últimas palavras de Deus foram: "Por que me abandonaste?".

Você percebe quão característico, quão representativo, tudo é. A situação humana escrita em letras grandes. Essas são algumas das coisas que significam ser um homem. Cada corda se rompe quando você a pega. Cada porta é fechada quando você a alcança. É ser como a raposa no final da corrida; as terras estão todas delimitadas.

Quanto ao último abandono de todos, como podemos entendê-lo ou suportá-lo? É que o próprio Deus não pode ser homem a menos que Deus pareça desvanecer-se em sua maior necessidade? E se é assim, por quê? Às vezes me pergunto se sequer começamos a entender o que está envolvido no próprio conceito de criação. Se Deus criar, ele fará algo ser e, ainda assim, isso não será ele mesmo. Ser criado é, em certo sentido, ser ejetado ou separado. Será que, quanto mais perfeita a criatura é, mais essa separação deve, em algum momento, ocorrer? São santos, não pessoas comuns, que experimentam a "noite escura". São homens e anjos, não animais, que se rebelam. A matéria inanimada dorme no seio do Pai. A característica de Deus de ser "oculto" talvez pressione mais dolorosamente aqueles que estão, de outro modo, mais próximos dele, e, portanto, o próprio Deus, feito homem, será, entre todos os homens, o mais abandonado por Deus? Um dos teólogos do século 17 disse: "Ao fingir ser visível, Deus pode somente enganar o mundo". Talvez ele finja, apenas um pouquinho, para almas simples que precisam de uma medida plena de "consolo palpável". Não os enganando, mas ajustando o vento ao cordeiro tosquiado. É claro que não estou dizendo, como Niebuhr, que o mal é inerente à finitude. Isso identificaria a Criação com a Queda e faria de Deus o autor do mal. Mas talvez haja uma angústia, uma alienação, uma crucificação envolvida no ato criativo. No entanto, Deus, o único que pode julgar, julga que a distante consumação vale a pena.

Eu sou, você vê, um consolador de Jó. Longe de iluminar o vale escuro onde você se encontra agora, eu o escureço. E você sabe por quê. Sua escuridão trouxe de volta a minha. Mas, pensando bem, não me arrependo do que escrevi. Acho que é apenas em uma escuridão compartilhada que você e eu podemos realmente nos encontrar no presente; compartilhamos um com o outro e, o que mais importa, com nosso Mestre. Não estamos em um caminho inexplorado. Em vez disso, na estrada principal.

Certamente estávamos falando de modo muito leviano e superficial sobre essas coisas há duas semanas. Estávamos jogando com nossas fichas. As pessoas costumam ouvir quando crianças: "Pense no que você está dizendo". Aparentemente, nós também precisamos que nos digam: "Pensem no que vocês estão pensando". As apostas precisam ser elevadas antes de levarmos o jogo muito a sério. Sei que isso é o oposto do que se costuma dizer sobre a necessidade de manter toda a emoção fora de nossos processos intelectuais — "Você não consegue pensar direito a menos que esteja de cabeça fria". Mas você também não pode pensar profundamente se está assim. Suponho que se deva considerar todos os problemas em ambos estados. Você lembra que os antigos persas debatiam tudo duas vezes: uma vez quando estavam bêbados e outra vez quando estavam sóbrios.

Sei que um de vocês vai me dar notícias, assim que houver alguma.

Referências bibliográficas

Collected Letters of C. S. Lewis [Cartas seletas de C. S. Lewis], vol. 2 e 3, HarperOne.

Os quatro amores, Thomas Nelson Brasil.

Deus no banco dos réus, Thomas Nelson Brasil.
- "Por que fazer pedidos a Deus se ele já sabe do que precisamos?" — extraído do capítulo "Trabalho e oração".
- "A oração exige uma introspecção mórbida do nosso pecado?" — extraído do capítulo "Transgressores miseráveis".

A Grief Observed [A anatomia de uma dor], HarperOne.
- "Como orar enquanto estamos de luto?" — extraído do capítulo 4.

Letters of C. S. Lewis [Cartas de C. S. Lewis], HarperOne.

Letters to an American Lady [Cartas a uma senhora americana], Eerdmans; e-book, HarperOne.
- "Como fazemos da oração uma prática regular?"

- *Cartas a Malcolm*, Thomas Nelson Brasil.
- "Não agimos com presunção ao levar preocupações a Deus em oração?" — extraído do capítulo 4.
- "Como saber se o meu 'eu' autêntico se dirige perante o verdadeiro 'tu' em oração?" — extraído do capítulo 15.
- "Como podemos entender o ensino do Novo Testamento sobre oração?" — extraído do capítulo 11.
- "Como permanecemos confiantes quando Deus repetidamente diz 'não' ao nosso pedido por auxílio?" — extraído do capítulo 8.

Cristianismo puro e simples, Thomas Nelson Brasil.

Miracles: A Preliminary Study [Milagres: um estudo preliminar], HarperOne.
- "Como a oração corrobora com a ideia da providência divina? Pedimos por milagres ao orar?" — extraído do capítulo "On 'Special Providences'" [Sobre "providências especiais"].

Poems [Poemas], HarperOne.

The Problem of Pain [O problema do sofrimento], HarperOne.
- "Podemos orar para evitar o sofrimento, mesmo quando ele é bom para a nossa alma?" — extraído do capítulo 7, "Human Pain, Continued" [Sofrimento humano, continuação].

Reflections on the Psalms [Reflexões sobre Salmos], HarperOne.

- "Como podemos ser como Davi e orar com prazer?" — extraído do capítulo 5, "The Fair Beauty of the Lord" [A beleza do Senhor].

Cartas de um diabo a seu aprendiz, Thomas Nelson Brasil.
- "Parte 1: Assegure-se de que sua oração seja devidamente 'espiritual'" — extraído do capítulo 3.
- "Parte 2: Acredite que você não é um bom cristão" — extraído do capítulo 12.
- "Parte 3: Trate a oração como um teste a Deus" — extraído do capítulo 27.
- "Parte 4: Concentre-se no seu próprio estado mental" — extraído do capítulo 6.

Surprised by Joy: The Shape of My Early Life [Surpreendido pela alegria], HarperOne.
- "Nossa oração depende de quão sincera e profundamente oramos?" — extraído do capítulo 4, "I broaden my mind" [Horizontes ampliados].

O peso da glória, Thomas Nelson Brasil.
- "Como podemos escapar do nosso próprio caminho e orar?" — extraído do capítulo "Ato falho".

A última noite do mundo, Thomas Nelson Brasil.
- "Podemos provar que a oração funciona?" — extraído do capítulo "A eficácia da oração".

sobre o autor

CLIVE STAPLES LEWIS (1898-1963) foi um dos gigantes intelectuais do século XX e provavelmente o escritor mais influente de seu tempo. Era professor e tutor de literatura inglesa na Universidade de Oxford até 1954, quando foi unanimemente eleito para a cadeira de Inglês Medieval e Renascentista na Universidade de Cambridge, posição que manteve até a aposentadoria. Lewis escreveu mais de 30 livros que lhe permitiram alcançar um vasto público, e suas obras continuam a atrair milhares de novos leitores a cada ano.

Outros livros de C. S. Lewis
pela THOMAS NELSON BRASIL

A abolição do homem
O assunto do Céu
A última noite do mundo
Cartas a Malcolm
Cartas de um diabo a seu aprendiz
Cristianismo puro e simples
Deus no banco dos réus
O peso da glória
Os quatro amores
Reflexões cristãs
Sobre histórias
Um experimento em crítica literária

Trilogia Cósmica

Além do planeta silencioso
Perelandra
Aquela fortaleza medonha

Este livro foi impresso em 2025, pela Ipsis, para
a Thomas Nelson Brasil. A fonte usada no
miolo é Palatino Linotype corpo 9.
O papel do miolo é pólen bold 70 g/m².